到了很久以後，我才覺得我的童年莫測高深……讓我有了寫作的欲望。

——派屈克・莫迪亞諾 *Patrick Modiano*

教室外的視野

番紅花——著

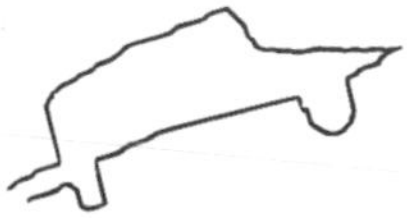

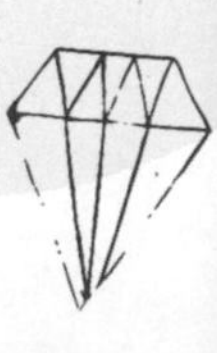

目錄 CONTENTS

推薦序　從同舟共命到宇宙穹蒼　幸佳慧　007

第一章——大自然，最美好的教室

教室外的視野。我的家庭教育翻轉　012
你今天科學了沒？談談孩子與種子　023
小學生的五十項戶外活動　034
當孩子吃金鶴米　046
豬籠草的小宇宙　054
通考據，詢野人　061

第二章——彎腰，在生活的勞動裡成長

深信家事的力量　070

唯我世代的同理心 078
穿梭於廚房與市場的孩子 083
該不該幫孩子背書包 091
大人的身教細微處 097
收心操這回事 102
提筆寫信的珍貴 110

第三章——多元資源，打開孩子的視野

用繪本和新聞，啓蒙孩子重要的事 120
與孩子談錢用錢 129
就讓紀錄片，滋潤孩子的童年 137
說自信。從一張地圖開始 146
買來的書。借來的書 154

第四章——珍視，那稍縱即逝的親子時光
暑假的精進與全心投入 160
網路宰制孩子的生活 169
當孩子看到不同層級的物質生活 175
朝食。給孩子明亮溫暖的甦醒 182
爭取親子的相聚時間 190
歡樂的回憶必須被創造 195
後記 202

推薦序

從同舟共命到宇宙穹蒼

兒童文學作家　幸佳慧

總是記得，幾年前，我和番紅花母女三人相見。短短會面，我就感受到兩個女孩分別有著不同的特質，但兩雙眼睛卻有著同樣的眸子，溫柔又清澈，是既能與外界合拍卻也保有自我的舒適氣質。

怎麼做到的？我問自己。要怎麼做，才能讓孩子是條悠哉的涓涓小溪，卻也能隨時引他們進入滾滾大河，還能安然順行？再者，濃純的愛究竟要怎麼牽引運行，才能讓行星週而復始運轉，不使彼此間的空氣稀薄，還能讓彼此更堅定、更開闊地受浩瀚穹蒼擁抱？

後來，我從番紅花分享他們日常的家庭記事中，慢慢撥開這令我著迷又嚮往的迷霧。而這本書，對我來說，更是具體解出藏在兩對眸裡的密碼，可說，解題解得具體透徹。

為何我會著迷、好奇？話說重頭，儘管我是個成人，尚且不得不承認，置身世界地圖上，處在生活環境、科技思潮皆日月瞬變的「大爆炸期」，我也常遇到雙腳落地卻猛地踩空的失措驚慌。

當國內外重大新聞每天朝著我們奔流沖刷，夾帶的土塊巨石不斷碰撞積壓我們肩頭時，「下一步，我們該怎麼辦？」已成為旁人對我、我對他人跟自己，最常的求問與省視。

更何況，是為人父母的朋友們，在這時代遽變的洪流裡，大人要怎麼穩住自己還能引領孩子，面對連專家也無能預知的未來，無所退縮還保有永續的生命力與樂活態度呢？這個難題的複雜程度，幾乎是人類史上前所未有。

但，番紅花以她在日常生活裡的實踐成果，不但安撫也說服我，適量堅持一些樸實的教養態度，像是接受家裡的昆蟲共生、觀養植物，讓孩子跟著買菜煮食、自己背書包、搭車上學，盡量不外食、避免電子產品侵蝕……這些，不但不古板，反而是增強孩子「心理免疫力」最好的祕方。

在科技與商業過度發展的社會裡，許多有害雜質會依附「文明」一詞滲透我們大腦體內，箝制大大小小的肌理經絡。人們往往在動彈不得時，才赫然發現我們已被攻城掠地，來自食安、教育、網路、新聞、精神保健、生活態度等的例子比比皆是。

世界巨輪轟隆隆乍響，光鮮俐落的齒輪碾過舊物舊習，卻也壓扁細小的幸福種子。然而，某些舌尖懂得的芳醇與幸福，是唯有古法才烹煮烘焙得出來的。而番紅花堅持的那種古法，正是保存了我們當代最缺乏的「野性美」：野外、野地、野生、狂野、山野、田野、野孩子……她筆下的段落話語，其實皆緊扣著萬物循環的源頭，叮嚀我們要攀好那股促發綠芽爆發、讓大地欣欣向榮的神祕力量，隨時能回到一個嬰孩初見日光昇起時的驚奇。

迷人的還有，番紅花一家人在這種野性哲學裡，還能經營出無所不在的雅緻風景。你會發現，向右看，有人窩在椅背裡開卷讀好書；向左看，有人在生活片刻裡談著好書；走兩步，爲了一場音樂會，孩子歷經一場走向獨立的城市歷險記。向右彎，環保小兵正追起國際候鳥大使；向左轉，小農「煮」婦在廚房裡碰上小小藝評家。

在他們一家的生活劇裡，科學、自然、藝術、音樂、文學、電影、戲劇幾個角兒，不管是素顏或粉墨、臺上臺下，都無所不在。所以，管你走進哪條路，都將隨著這些角兒的腳步來到廣場一起碰見老哲人蘇格拉底，回到為人的本然，為著天地間一粒沙與一朵花的奧祕，對話起來。

所以，我說，這本書，是一場從同舟共命到宇宙穹蒼的旅記，既細微且浩大，既安身也立命。

第一章

大自然，最美好的教室

教室外的視野。我的家庭教育翻轉

孩子上國中以後，學校開始有烹飪課，雖然每學期時數不多、僅有幾次掌廚機會，老師也多設計不複雜、容易上手的菜色如燕麥餅乾、三色蛋這類成功率極高的料理，但國中生無不熱烈期待。這次老師教的是「黃金蛋炒飯」，每組有六個孩子分工做這道菜，所謂黃金，並不是指玉米，而是先將蛋黃與蛋白分離，再把蛋黃攪散入油鍋和飯一起炒，因此所得到的金橘色米飯效果即是謂「黃金」，菜名好聽，孩子學起來也就更起勁了。

雖然許多人說現在的孩子五體不勤、五穀不分，茶來伸手、飯來張口，媒體尤其喜用媽寶或草莓族這類負面詞彙來稱謂這一代孩子，但以我六年來對孩子們就讀的這所公立學校之觀察，儘管「拚升學率」仍是父母和學校雙方積極看重的指標，但這指標並未扭曲校內日常課程的正常運作。課表的進行每天皆按教育局規定走，自七年級到九年級，不曾爲了拚升學率而私下乾坤移轉，升學不考的體育、綜合生活課依舊正常，孩子們該練跑就練跑、該畫畫就畫畫、該唱歌吹笛表演就唱歌吹笛表演、該學煮飯就學煮飯、該聽作家演講就聽作家演講。所有這些與升學考試無直接關係，但攸關孩子生活美學和自理能力的課程，國、英、數、理老師皆未以趕課之名而意圖「染指」，尤其是可以開火拿刀動鏟的烹飪課，那可是孩子們最感興趣的兩小時，他們渴望做飯的發光眼神和社會上普遍抱怨這代孩子「懶得動手做」，形成強烈的對比。我想，青春期孩子的五體不勤、五穀不分，多是小學時期的家庭生活所造就出來，溫室花朵來自於父母的供養，孩子的小學六年若偏習才藝，卻欠缺實體生活的動手樂趣，那如何期待他長大成爲一個熱誠、能幹、自信的青年呢？

這一代小學生所擁有的，是臺灣戰後至今經濟條件最富裕、因海內外旅行而獲更多國際視野，整體教育程度（學歷）也是臺灣有史以來最高的父母。這一輩三十五至五十歲之間的爸爸媽媽，有經濟能力也最捨得提供繪本讀物和多元的才藝資源給孩子，然而，看似幸福教養的背後亦有其陰影，許多孩子正面對著因過度寵愛和教養焦慮，而失去培養孩子生活自理能力的父母。

沒有一個孩子是天生的草莓本質。孩子是一株迎風小樹或溫室草莓，取決於父母的生活基調。

這幾年我在各地校園演講，聽到或看到多種讓人喟嘆的小學生生活低能情節。例如老師告訴我，有國中孩子在學校無比興奮地試炒空心菜，但菜葉沒洗、莖也沒切，更不知得先倒一點兒沙拉油熱鍋熱油，幾個孩子便一股腦兒直接將整把空心菜丟入炒菜鍋，以爲這樣就可烹飪出一盤綠油油香噴噴的炒空心菜。可見這些孩子不僅沒進過家裡廚房實做，恐怕連站在媽媽身邊體會廚房高溫的經驗都沒有過，雖然經常吃空心菜，卻連炒青菜之前要先切都沒能想像。這些十三歲的大孩子，過著有手機、平板、補習和海內外旅行的現代生活，卻對每天吃進肚裡的青菜毫無概念，從幼兒園、小學，一路到國中，這漫漫十幾年家庭生活，是眞正的不食人間煙火，距離實體人生何其遙遠。

當父母在主流媒體或社群網站上，高分貝檢討臺灣教育政策如何失當與戕害，但我們也應該回頭審視我們自己所經手的家庭教育。以父母身分去批判國家教育政策帶給人民的失望或衝擊固然是公民的權利與責任，我更經常內省我所主導的家庭教育，是否讓孩子建立起關懷家庭和社會的精神。他除了愛他自己，是否也關心這個家的運轉順利麼？他是否關懷父母的健康與生活品質？他是否在日漸的成長中，學習觀察到社會乃至國際的各種議題，成爲一個具人道精神的小公民？

◆

我的兩個孩子已先後從公立小學畢業，那些年我觀察到班導師既得忙碌於將近三十個學生的班級經營，還得面對各種不同教育理念的家長譎問，自清晨到深夜，學生家長的來電或親訪指責（干涉亦有之）絡繹不絕，像這樣的打擾或轟炸很少停歇，還得背負教學進度、編寫教材備課與考試成績評比的壓力，小學老師的工作量如此之大，父母若期望老師給予自己孩子細緻的個別指導無異是奢求。孩子的成長更該仰賴父母在家庭教育的著墨與施力，了解教育現場辛苦的我，有個觀念是，小學老師主力在教導孩子的課業，孩子回家以後我就偏重他們的生活能力深度，既然他們在學校已吃了肉，我便爲他們準備菜，我應該讓孩子在家裡學習他在學校學習不到的東西。

最近我到臺北市仁愛國小分享推廣小學生閱讀的經驗，我在學校網站看到有位賴柏宗老師規畫一系列別開生面的校外教學活動，這則動態立刻攫取我的注意。賴老師顛覆一般小學生校外教學的傳統設計，除了動物園、兒童樂園和中正紀念堂這些方便的地方，他提出另一種可能與想像。賴老師專案規畫「臺北趣學習」，巧妙結合社會科和國語科的課本內容，他先後帶領班上小朋友拜訪大稻埕的日星鑄字行，到光點電影院觀賞二〇一四臺灣國際紀錄片影展的紀錄片《山上的小女子舉重隊》，甚至帶孩子們到近年來抗爭不斷的樂生療養院舊院區去，讓小朋友走在樂生幾十年來被世人遺忘的寂靜坡道，讓他們有機會看到樂生八十多年的老建築和其歷史意義。最令我感動的，是孩子們因此跟著老師碰觸到「痲瘋病」百年來的公共衛生發展史。

而臺北與痲瘋病歷史相關的區所除了樂生療養院，更鮮有人知的，還有位於八里的樂山院。賴柏宗老師一氣呵成串聯這兩個地方，當天的校外教學規畫了樂生與樂山兩處的參訪，孩子們去到由加拿大籍戴仁壽醫生於一九三四年創立，位於八里郊野，收容且治療當時飽受排擠的痲瘋病人，如今已轉型爲專收智能障礙者的樂山園，亦即現在的「樂山療養院」。

我在學校網站看到賴老師提出這般不從衆、不媚俗、挑戰孩子興趣的校外教學路線，內心暗叫這是怎麼一回事？這位老師的理念是什麼？他爲什麼願意大費周章地將視野從教室拉到郊外？他希望帶給小朋友什麼樣的學習翻轉？孩子感興趣嗎？父母支持嗎？掩不住內心那股似是喜悅的激動，我當面向賴柏宗老師請益這一連串教學行程背後，他的源起與經驗。

研究所主修藝術教育的賴柏宗老師，渾身散發熱血教育魂，不僅激發出每學期上述的校外教學特殊行腳，反對「零食式」學習的他，還策畫了「愛與和平影像展」。他在校園內爲孩子們放映曾獲二〇〇八年奧斯卡最佳紀錄片提名的《烏干達天空下》，並邀請烏干達Watoto合唱團的孩子來校高歌，與仁愛國小的孩子們一起吃飯、畫畫，度過雖然短暫但殊爲深刻的文化體察時光。

烏干達Watoto合唱團背後有著非洲苦難的歷史，每位團員都載負父母因戰亂或貧病雙亡的身世，住在Watoto兒童村的他們藉由全球巡演音樂會來培養自信與勇氣，走出生命的哀傷，引起世人關注非洲那五千萬名因愛滋、戰爭、貧窮而淪爲孤兒，等待人們伸出援手的事實。賴老師經由影展的規畫讓學校孩子們有機會輸送溫暖給烏干達，小朋友藉此接觸到第三世界國家的境況，進一步思考自己能做些什麼努力與改變。設計教材活動是最費神的，賴老師是多麼地熱誠！

顯然老師正在努力翻轉他的教室型態，他決意讓孩子的視野從狹小的個人，延伸到對整體社會甚至是這個世界的認知和關懷。他讓課本的字變成活的，讓孩子發現國語課本和社會課本上的地方與人名不再只是徒勞的背誦，原來，課本的內容，也可以形成活跳跳的意義。

眼神堅定的賴老師並舉了一個例子。他說，有一次他帶孩子們到田埂去做調查，田埂四處雜草與蔬菜作物齊長，許多孩子置身田埂當中就慌張了，從沒到過田裡的他們，分辨不出作物與雜草之差別，故搞不清楚兩腳要踏往何處才能不誤踩作物。

我忍不住好奇問，這些慣習於3C感官刺激的都會孩子們，不覺得被帶到田埂或老舊的樂生療養院無聊嗎？不覺得那種欠缺好萊塢驚險刺激劇情的紀錄片無趣乏味嗎？

賴老師哈哈笑回答，孩子的好奇心很強也很要需要被滿足，只要能夠離開教室去戶外教學，不管到哪裡，他們都很開心，重點是可以走出教室！就算帶他們去參訪林海音文學展這類純文學活動，小朋友還是興高采烈呢。

我不能不向這位在教育工作崗位上默默奉獻理想的老師致敬。並非每位教育現場的老師都怕多做事。規畫校外教學吃力不討好，不僅行前連繫和呈報事項繁瑣，也得確保一整天趴趴走不影響教學進度與考試成績才可讓家長放心，他所設計的路線如此饒富時代意義卻不娛樂討喜，如大稻埕的日星鑄字行和新莊樂生療養院，連大人都很少關注這些地方。

日星鑄字行，你聽過去過嗎？創辦於一九六九年的日星鑄字行是臺灣至今僅存的活版鑄字廠，這個凋零狀態的傳統產業，是現代孩子幾乎沒有機會碰觸到的鉛字活版印刷手工藝。賴老師帶領小學生來到太原路巷子裡這所老舊的鑄字行，眼前充滿歷史況味的鉛字如一片銀色大海，若想讓孩子們感受何謂「昔字」「惜字」「習字」，這裡無疑是大稻埕最美的教育場域之一，當天賴老師也安排來臺交流的外籍學生一起來欣賞漢字之美，誰說我們的孩子不再能景仰傳統工藝呢？誰說孩子只想玩樂，不愛主題式的學習呢？重點是，父母和老師，起手將孩子的生活安排在哪裡。

把孩子們帶到樂生療養院更是讓小朋友接近公民議題的一種突破。樂生療養院至今猶有幾十位長者於此生活，在這裡平安度過餘生是他們最後的心願，年輕時他們因爲罹患痲瘋病而不見容於家人與社會，人們誤以爲痲瘋病如瘟疫般具高傳染性，當時日本政府採行「強制收容，絕對隔離」政策，強制痲瘋病的病患必須進駐樂生，強迫他們與世隔離一生直到老死。試問我們大人對於痲瘋病的了解有多少？恐懼來自於何處？這幾年樂生抗爭的新聞持續不斷，但多數人們仍選擇淡漠以對。

隨著捷運機廠的興建，樂生療養院的遷搬問題這些年在不受注目中持續與政府極力抗爭著。雖然，賴老師為小朋友規畫樂生院的校外教學，重心不在樂生的抗爭史，而在於讓孩子們隨著社會課本的日治時期主題，來親眼感受老建築之形式與美。樂生院融合西洋與日本傳統建築的形構，數十年來院民們於此炊飯起居自成一個聚落，養貓狗、種蔬菜、散步、喝茶，老屋老人老時光，孩子們用純真的雙眼觀看這個特殊聚落，在心裡留下一頁體察歷史的筆記。

這是一位小學老師的翻轉教育，它所內蘊的精神與形式，又何嘗不能落實在我們的家庭教育呢？老師尚且為三十個孩子的教育如此掏心肺，那麼，我們何忍成為過度追逐課業成績和才藝競賽的家庭？家庭教育更有翻轉的條件，家庭的單元小，機動性高，說出發就能出發，說動手就能動手，讓孩子學會辨識田埂上的路，讓孩子學會將空心菜洗好再切，學會怎樣熱鍋倒油爆香再炒菜，是來自家庭的樂趣，也是來自家庭的責任。

◆

這幾年孩子在課本上讀過吳晟老師的詩。我從書架上拿起二〇一一年由他和小說家吳明益所共同主編的《溼地．石化．島嶼想像》，和孩子們分享吳晟老師的性情與志業，就以幾十年來在家鄉溪州種田、種樹、護土、讀書的吳晟老師所寫的這幾句詩，和所有關心養育的父母一起勉勵吧。當我們渴切探討如何教育出一個聰明、快樂、優秀的孩子時，也許，最動人的文本不在那些教養指南裡，而在於思考如何帶領我們的孩子往「眞實的生活」走去。

眞實的生活裡可能有自己的榮耀，也可能有他人的心傷，有自己的挫敗，也可能有他人的光采，有自己的利益，也可能有他人被不公剝奪的權益。只有當我們願意花時間帶領孩子去關照這個世界，孩子才能脫離溫室體質，長成一株迎風挺拔的大樹。

我不和你談論詩藝
不和你談論那些糾纏不清的隱喻
請離開書房

我帶你去廣袤的田野走走
去看看遍處的幼苗
如何沉默地奮力生長
我帶你去廣袤的田野走走
去撫觸清涼的河水
如何沉默地灌溉田地

——吳晟

你今天科學了沒？談談孩子與種子

如果問一個喜歡探索大自然或生物研究的幼兒園大班生，鳥糞有什麼功用呢？這孩子很可能會回答你，小鳥吃了漿果或野生水果以後，種子會隨著牠所排出來的糞便，傳播到更遠的地方發芽成長，完成繁殖的任務。以前我認爲鳥糞不起眼，只是一個普通生物的排遺，直到當了母親，才發現對不同年齡層的孩子而言，鳥糞自有其奇異世界。

近日我那已就讀國三的孩子，因爲抱著《寄生蟲圖鑑：不可思議世界裡的居民們》這本書啃讀，進階版發現鳥糞的功用何止繁殖植物。這世界上有一種叫做「彩幼吸蟲」的寄生蟲，牠寄生在蝸牛體內以後，會讓蝸牛一愣一愣地爬上樹梢，在一眼可及的葉片表面上蠕扭移動，甚至搖擺伸縮觸角，使蝸牛看起來像是鳥兒最喜歡獵食的「斜紋夜盜蟲」的幼蟲在手舞足蹈，等於在大肆呼喚小鳥我就在這兒哪、你趕快來吃我啊。倒楣可憐的宿主蝸牛，因此難逃被鳥吃掉的命運，彩幼吸蟲入侵鳥體的目的也於焉達成。鳥糞沒有我想像的那麼簡單，對小讀者來說，鳥糞無疑是個充滿學問的小宇宙。

這就是閱讀科普書的樂趣，在孩子的日常生活裡有許多細微、好玩的地方，等待我們去發掘，其中尤以植物與我們的關係最爲密切。試問電影《絕地救援》裡的太空人麥特戴蒙，如果他獨自落難火星，沒有絞盡腦汁在火星上成功種出馬鈴薯以爭取生命的延續，故事要如何發展下去呢？沒有植物、沒有食物，任誰都沒有明天。

而種子即是我們無日不食、無日不見的。

孩子大約會在小學三年級的自然課開始接觸植物的觀察，有些孩子死背這單元背得很辛苦，考試成績也不盡理想。但父母若平心靜氣細看測驗卷考題的變化，會發現自然科目並非全然冷僻艱澀，如果日常生活能陪伴孩子一起研究周遭可見的生物，即可引導孩子優游於自然與生活科技的天地。

例如我曾看過這張孩子小學三年級時，自然科測驗卷的部分題目：

是非題：

（　）挖起來觀察的植物，觀察完畢後，應該再種回泥土中。

（　）植物的根一定都生長在泥土裡。

（　）用彩色鉛筆拓印葉子，可以看到葉子上的紋路。

（　）沒成熟的龍葵果實是綠色的，成熟時會逐漸轉變爲紫黑色。

（　）桃子、李子、橘子、梅子的果實中都只有一顆種子。

（　）爲了提高收穫量，蔬菜種子撒越多越密會越好。

（　）種植蔬菜時，要注意陽光、空氣、水分和養分等因素，蔬菜才會長得好。

（　）從種子發芽剛長出來的小白菜葉片和後來長出來的葉片形狀完全不一樣。

（　）蔬菜種子發芽了，爲了方便觀察記錄，可以拔起來觀察和量高度，之後再種回去。

選擇題：

（　）想要知道植物莖的粗細，下列哪一個做法錯誤？ (1)砍下來測量 (2)用手環抱來比較

(3)用捲尺實際測量 (4)用繩子量再加以比較。

（ ）我們吃的桃子，是植物的哪一個部位？(1)莖 (2)葉 (3)果實 (4)種子。

（ ）下列哪一種果實內的種子數目最多？(1)木瓜 (2)柳丁 (3)蘋果 (4)葡萄。

（ ）要怎樣才能獲得種菜的相關資訊？(1)到圖書館查資料 (2)上網查資料 (3)訪問有經驗的人或農人 (4)以上都可以。

（ ）下列何者不是播種時應該要注意的事項？(1)種子之間的距離 (2)種子埋在土裡的深度要適當 (3)種子的價格 (4)種子上面需要覆蓋一層薄薄的泥土。

（ ）小白菜要長得好，需注意什麼條件？(1)不可以種太密 (2)要除蟲害和拔除雜草 (3)要有充足的陽光和水 (4)以上都需要。

（ ）如果種的空心菜長得太密了，下列哪一種方式可以解決這個問題？(1)施肥 (2)多澆一點水 (3)停止澆水讓一些蔬菜枯掉 (4)把一部分空心菜移植到別的地方。

上面的自然科測驗題是不是相當生活化，也都屬基礎常識呢？只要孩子從小經常接觸大自然，且曾親手種植過一些蔬菜或花草，他就會有一番體悟和心得，要正確回答上面的考題，也就不難了。例如龍葵那一題，龍葵是臺灣田間野外和市區路邊最常見的野草之一，嫩葉可煮蛋花湯，當它的果實由綠色、鮮紅轉爲紫黑色時就成熟可食，滋味酸酸甜甜頗討喜，傳統菜市場或有機商店、農夫市集，也常見農夫販售整把新鮮龍葵。當我與孩子散步路邊時，我常常鼓勵他們停下腳步去觀察最常見卻也最不起眼的蒲公英、龍葵、大花咸豐草，這是最沒有壓力又最慢活的自然課。

死背課本是很磨損學習熱忱的。我曾遇過一些努力背下整本課本以追求好成績的孩子，但如果他的生活經驗過於貧瘠，就算他已熟記整本課文，只要一遇到出題靈活，他可能就愣在卷前，不知所以。例如這一題：

（ ）下列哪一種果實內的種子數目最多？(1)木瓜 (2)柳丁 (3)蘋果 (4)葡萄。

孩子如何靠熟背去記住臺灣各種水果的種子數量呢？這題目測驗臺灣最常見的四樣水果，幾乎可說是最受歡迎的送分題，但如果孩子日常吃的水果，都是父母已去核切片送到他面前，他從未或甚少看過一整顆木瓜的眞實剖面，那麼他很可能誤以爲木瓜天生就是沒有種子的吧。還有香蕉果肉裡那一粒一粒的小黑點，除非孩子經常自己剝香蕉皮，邊咬邊端倪並好奇地去找答案，他就會知道那是香蕉品種改良過程中退化的種子。剖開冬瓜、南瓜、西瓜可見到種子，酪梨、番茄、柑橘也含藏著大大小小的種子。我們日常遇種子那麼多，對種子的認識卻很少。

◆

有一次我讓孩子帶一整顆蓮霧到學校當課後點心，爲了盡可能完整保留蓮霧的維生素C以及清甜的滋味，所以我沒有爲孩子先切好水果片，我想，就讓他下課後直接拿起蓮霧啃，挺方便的。沒想到幾個同學湊近看他吃蓮霧，突然驚聲說，哇原來蓮霧是有種子的喔？

同學們的反應令我的孩子大感驚訝，平常同學們搞不清楚他便當盒裡的青菜是菠菜或萵苣也就罷了，但他們畢竟吃過那麼多年的蓮霧，卻渾然不知蓮霧有種子。想來是因爲他們從小就食用慣了大人費心準備好的現成水果切片，父母體貼殷勤地削去蒂頭、果皮和種子，卻造成孩子生活常識的單一與匱乏。

其實對孩子來說，認識種子，想像種子去了哪裡又是怎麼去，帶他們到花市買泥土、種子、肥料、盆缽回家親手栽種，這些都是既有趣且蘊含諸多生物觀察行爲的事，如果再搭配適合孩子閱讀的經典繪本如《胡蘿蔔種子》和《一顆種子的旅行》，讓他透過文字閱讀和實體手作，甚至走路去探索住家附近公園和山林小徑的各種植物種子，從家裡的書架、餐桌延伸到屋外大自然的任一處，想要深入認識種子，並不困難。

冬天吃草莓採草莓，細心好奇的孩子會發現草莓豔紅表皮上有密密麻麻的小黑點，那些是種子。夏天打酪梨布丁牛奶，將酪梨對剖切開，會看到一顆大種子。哈密瓜、絲瓜、蘋果、文旦、青椒、釋迦，這些日常飲食裡最常享用的食材，都可見到它們的種子。

讓孩子經常探訪居家附近的街廓，不難在牆角看見生命力旺盛的鳳仙花。孩子喜歡將鳳仙花的綠色果實放在他們的小手掌，然後以手指頭輕輕壓住讓果實驀地爆破，隨即有成群種子彈射出來、迸往四處，他們見了莫不因此開懷的笑。

孩子也常蹲在公園的小角落，尋找卡通影片裡蒲公英的蹤影，他們最愛對著蒲公英輕輕吹氣，看那種子如輕柔的棉絮，以大大不同於鳳仙花種子的迸出速率，輕輕往上飛飄。光是鳳仙花和蒲公英這兩樣路邊野草，足可讓孩子感受到不同種子之間，風力傳播和彈力傳播的差異。其實種子的傳播除了爆開彈射與藉風吹送，還有水流的運往，昆蟲的搬運，鳥獸的吞食排泄，或是附著在動物皮毛上而到達遠方……

更細心一點，也不難在野地裡撿到掉落下來的松樹毬果。這些毬果除了可當作聖誕節的裝飾品或美勞創作道具，還可以成爲孩子的玩具，讓他們試試看毬果的鱗片乾燥時會不會打開？鱗片泡水潮濕時會不會閉合？我也鼓勵孩子拿刀子將毬果對剖，觀察看看毬果的鱗片裡是不是藏有種子。

種子的奧祕一言難盡，而它又是如此隨手可得。我花很多時間陪孩子探索種子的身世，我們一步一步尋找種子、碰觸種子、收集種子，再從網路或紙本圖鑑裡相互對證，不僅讓孩子踏出科學調查的一小步，且讓生活充滿了樂趣。奧地利科學家孟德爾就是在一八五六年到一八六三年的八年時間裡，親手爲一萬株豌豆做雜交的人工授粉實驗，最後發表影響後世深遠的遺傳學理論。所以，我相信生活也是一種形式的閱讀，生活裡處處有値得探索、觀察的小物件，但我們很容易因爲粗心或匆忙的生活節奏，讓孩子視而不見，眞是可惜。

上禮拜我帶孩子去花市買芫荽、萵苣和胡蘿蔔的種子，冬日舒暖潮濕的氣候有利於種子的萌芽，這是我們家的種子之旅，小小的動手，就會是大大的發現。

而最讓我感到閱讀樂趣的種子書，是由安妮．默勒所創作的《一顆種子的旅行》，他的創作手法不僅僅是繪畫而已，這本書還融入了撕畫、拼貼、手繪、寫實等多種技巧，美不勝收，是本極富藝術性的繪本。尤其特別的是，安妮在畫中還藏著令人莞爾的小矮人，這小矮人是歐洲民間故事裡最常出現的大自然保護者。透過閱讀，孩子知道有些種子借助風力把自己吹送到其他地方；有些種子則藉由被動物吃掉而能繁殖。不論種子最後是落到沙坑上、排水溝或任何地方，它都有可能從那裡發芽長出幼苗來。這是一本美麗豐富的自然書，孩子怎麼讀也讀不膩，再配合野外的實體觀察，帶給孩子的種子學就是加倍豐收的驚喜。

每個孩子都值得擁有一個空餅乾盒，用一年的時間，讓他收藏各式各樣的種子，目標訂爲一百種，那將是有趣的科普方向。可以從鬼針草有刺的種子開始，然後是龍葵的種子、秋葵的種子、蓮霧的種子、酪梨的種子、臺灣欒樹的種子、辣椒的種子……

種子的探索，不是遙不可及的冷僻科學，一顆種子一個世界，火星上成功種出馬鈴薯不再是神話，更何況我們在地球上隨手可得水、土和種子。種過東西的孩子是快樂滿足的。就是現在，帶孩子去尋找臺灣最常見的野菜——龍葵的種子吧。

推薦適合大人閱讀的種子書：

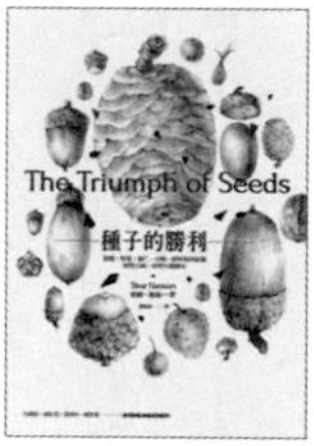

《種子的勝利：穀類、堅果、果仁、豆類、核籽如何征服植物王國，形塑人類歷史》
文／索爾．漢森
商周（2015）

▶索爾以幽默、乾淨、俐落的敘事風格，嚴謹展現出一粒種子的豐富世界，讓我對種子的認識不再局限於種皮、胚、胚乳的極簡版。隨著索爾在叢林的田野調查和實驗室的各種實驗，我發現種子疆域的追索，是那麼迷人。

《種子學》
文／郭華仁
國立臺灣大學出版中心（2015）

▶雖然是本專業的學術著作，並不真的章章適合普羅大衆，但閒餘時順手翻讀也有它並不難懂的硬知識，例如書中提到考古學者出土的古老種子，科學家試驗這些年歲久遠的種子是否還具有生命力，也就是活度（viability），結果發現中東死海地區出土的兩千年前蜜棗椰子仍可發芽成長，在巴黎博物館保存的小葉黃槐種子，經過一五八年以後的儲藏，仍然百分之百地發芽，而大英博物館所藏一三七年之久的一粒蓮子也發芽成功，這些種子科學研究對人類的生命延續，無比珍貴。孩子聽到種子千年後仍能發芽，無不嘖嘖稱奇。

推薦適合孩子閱讀的種子書：

《胡蘿蔔種子》
文／露斯．克勞斯
圖／克拉格特．強森
上誼文化公司（2013）

《一顆種子的旅行》
文．圖／安妮．默勒
青林國際出版社（2014）

小學生的五十項戶外活動

這幾年運動風潮席捲全球，運動成為一種時尚的活動，演藝明星代言的健身房廣告處處可見，最容易入門的騎單車和跑步也成為熱門的休閒生活。前陣子一位僑居美國加州數十年的好友還專程帶兒子飛回臺灣，以騎腳踏車環島臺灣九天的方式，慶祝男孩的十六歲生日。雖然許多父母經常抱怨小學生的功課太多、週末要補習、考試壓力太重，但我認為只要我把戶外活動視之為可貴、不可抹滅的童年生活指標，就一定找得出時間讓孩子在野外玩得一身汗。

運動流汗會讓孩子的大腦分泌一種叫做多巴胺（Dopamine）的神經傳導物質，讓孩子感到快樂幸福，許多科學研究也顯示運動流汗能增強孩子的記憶力和專注力。但現在的孩子很少是野孩子了，那何嘗不是被剝奪了快樂？因此我經常鼓勵兩個孩子盡量玩、盡量流汗，在戶外遊戲的孩子哪個不歡笑不興奮呢？

我自己就有很豐富的童年生活。我曾在放學的午後雷陣雨和同學們淋過許多次雨跑回家，我常常收集家人吃剩的西瓜皮，帶去野地吸引成群的獨角仙抓來玩，那時我非常著迷甲蟲的黑色殼甲透出來的綠色光暈神祕美麗，尤其聽到老師在課堂上說古埃及人很崇敬糞金龜，他們認爲糞金龜有起死回生的力量，遂將糞金龜刻在石頭上膜拜爲太陽的神，可惜我始終沒能找到如此厲害、又充滿考古典故的糞金龜。那時我也在父母睜一隻眼閉一隻眼的情況下養了好幾隻來來去去的浪貓和浪狗，我特別珍惜晚餐吃剩的魚骨頭和肉骨頭，用一個小鐵碗，與白飯攪拌均勻以後，香噴噴地放在家門口，等待某一隻貓或狗的出現。這些都是簡單的事，卻是我感到快樂滿足的泉源。說我是個野孩子，也不爲過了。

◆

最近我在瀏覽英國國民信託組織（The National Trust）的官方網站時，看到一個給家長和兒童的有趣建議，它為孩子們列出「在你即將滿十二歲之前，必做的五十件酷事」。我好奇這個於一八九五年註冊成立的慈善團體，百年來致力於保存英格蘭、威爾斯，和北愛爾蘭濱海沿岸的鄉村和建築，每年甚至投資超過一億六千萬歐元在國家的環境建設，總計有三千四百萬位會員，如此具公信力和影響力的英國獨立組織，他們會建議未滿十二歲的小朋友，一定要做過哪五十件戶外冒險活動呢？

西方是非常熱衷於體能運動的國家，許多科學研究也顯示運動和遊戲能促進孩子的智能發展，果眞英國國民信託組織所推薦的五十個戶外活動都相當打到孩子心坎裡。例如：放風箏、賞鳥、打水漂、爬樹、野地露營、划獨木舟過河、從高高的山丘上滾下來、在雨中奔跑、直接從樹上摘下一顆蘋果來吃、用網子捕魚、赤足走路、尋找化石和骨頭、為野生動物做一個家、觀看星星、探索池塘裡面有什麼、捕捉一片落葉、抓住一隻看起來可怕的動物、抓螃蟹、親自養大一隻蝴蝶、追蹤野生動物、尋找青蛙的卵、在夜晚時行走於大自然、學習騎馬、用地圖和指南針找路、自己播種植物長大然後吃掉它、攀岩、在營火上煮東西、在海裡游泳、在雪地裡遊戲、騎很長很長一段路的腳踏車……

這些英國孩子十二歲之前必做的戶外活動，除了雪地遊戲這一項對亞熱帶氣候的臺灣小學生來說遙不可及，其餘活動都不難在此地達成。讓孩子快樂的方式不分東西方，它是全球共通的，這一長串酷活動清單，哪個孩子看了不心動呢？連我都躍躍欲試，覺得充滿了野趣、觀察力、想像力和運動的樂趣。其中有許多活動不需花費任何金錢，數十年前也曾在我的童年裡恣意享受過，卻是當今小朋友最欠缺的成長經驗。

例如放風箏曾是多麼受歡迎的休閒娛樂啊，小時候因爲買不起風箏，我經常和弟弟妹妹一起動手以有限的資源做風箏。陽春版風箏往往歷經無數次升空的短暫飛起又迅速垂落，總是不斷挫敗，又不斷重來，幸好我可以憑自己手上可用的美勞材料，努力發揮巧思讓風箏的造型千變萬化，即使做不起來在天空高飛的強大風箏，但我對於自己做風箏、放風箏的熱忱始終不減。雖然沒有人告訴我風箏的力學特性，摸索久了就逐漸知曉如果把風箏做太大，它在弱風中就很難飛升，如果將風箏做得太小巧，則它在強風中又很容易傾覆。也就是風箏的受力與體積大小，和強風弱風是有密切關係的。

如今回想這段歷程，當年我不就是史丹佛教育專家現在所倡導的maker創客精神了麼？現在許多孩子連昂貴的平板電腦都擁有了，卻沒有親手做過風箏、感受風箏在天際破風而上的快意與雀躍。

◆

英國孩子必做的五十項酷事還有雨中跑步。雨中跑步一點都不稀奇啊，小時候只要一遇到西北雨，每個歸途中的孩子就舉起書包邊笑邊唱一路喊著衝啊衝啊地跑回家，我還記得自己曾被水蛭黏在腳上過呢！那眞是好伊藤潤二的驚恐感。雨中奔跑讓我充分感受雨滴跌落在頭髮與身體上的自由與放縱，那是一輩子難忘的童年痛快，長大以後老成的靈魂就失去了這份瘋狂的心情，因此我鼓勵兩個孩子下雨了不妨去戶外玩，他們在滂沱大雨中因撐不住傘而開懷大樂，頭髮衣服全都溼了打個哆嗦算什麼，回家喝碗熱薑湯熱牛奶就好。後來孩子在彈奏蕭邦的〈雨滴前奏曲〉時分外有情境，我想那是因為他擁有在大自然中承受驟雨、細雨的經歷，鮮明而深刻。

我也鼓勵十歲的孩子吃過晚飯、寫完功課以後，手足結伴到住家附近的公園散步一兩個小時。有時我到公園去找他們，發現孩子爬到古老的大榕樹上，聊祕密聊得很開心，爬樹的孩子如此接近星星夜空，那一定是他們最無憂也最心靈解放的時刻。

而「騎很長很長的一段腳踏車」這一項，我們家也完成過。那年暑假他們曾經和爸爸沿著秀姑巒溪騎乘三小時，也曾經從大直河濱公園一路騎到淡水來回，孩子們的臉龐因烈陽下的長途騎乘而紅通通，心跳加快，腦部充滿更多氧氣，內心得到的成就感和自信心，絕對不是考試一百分可比擬的。若父母認為「自信心」是最珍貴的，那麼讓孩子騎很長很長的一段鐵馬，就是我們在臺灣很容易鼓勵孩子去發展的運動。

這份英國國民信託組織所列的小朋友必做五十項戶外活動清單，不僅有意思，且大部分的完成門檻並不太高，有點難又不會太難，這也是挑戰的樂趣所在。雖然我的孩子們已超過十二歲，我很高興他們的童年時光已完成清單裡的許多項，但追求快樂沒有盡頭，我仍想與他們一項一項接力完成這張活動清單，例如尋找青蛙的卵，蝌蚪很常見，但青蛙卵倒還沒見過呢。您要不要也和孩子們一起研究這份清單，訂一個目標，試試看全家人今年一起完成哪幾項呢？

這是英國國民信託組織官網Challenge yourself with 50 cool outdoor adventures的五十項戶外活動網頁：https://www.50things.org.uk/

11又3／4歲前該做的五十件事：

第1級：冒險家

1 爬樹
2 從很高的丘陵上滾下來
3 野地露營
4 建造一個巢穴
5 用石頭打水漂
6 在雨中奔跑
7 放風箏
8 用網子捕魚
9 直接從樹上摘一顆蘋果來吃
10 玩康克遊戲（一種以七葉樹的種子綁在繩端互撞的遊戲）

第2級：發現者

11 騎一趟遠程單車

12 用樹枝在地上畫畫

13 砸泥巴派

14 做一個小水壩

15 在雪地裡遊戲

16 編一條雛菊花圈

17 舉辦一場蝸牛競速比賽

18 嘗試狂野的藝術創作

19 玩小熊維尼的樹枝遊戲

20 乘風破浪

第3級：森林管理員

21 採野生的黑莓

22 探索樹木的內部

23 參觀農場

24 赤足行走

25 用草編一個吹奏樂器

26 尋找化石和骨頭

27 觀看星星
28 攀登一座丘陵
29 去洞穴探險
30 抓住一隻看起來可怕的動物

第4級：追蹤者

31 捕捉昆蟲
32 尋找青蛙的卵
33 捕捉一片落葉
34 追蹤野生動物
35 探索池塘裡有什麼
36 幫野生動物做一個家
37 看看水塘中有什麼瘋狂的生物
38 養大一隻蝴蝶
39 抓一隻螃蟹
40 在夜晚行走於大自然

第5級：探索者

41 自己播種植物長大然後吃掉它

42 在海裡游泳

43 搭建一個小筏

44 賞鳥

45 用地圖和指南針自己找路

46 嘗試攀岩

47 用營火煮東西

48 學習騎馬

49 玩藏寶遊戲

50 划獨木舟過河

推薦三本書給喜歡戶外活動的孩子：

《棒球小子：給沒有打過全壘打的你》
文．圖／長谷川集平
親子天下（已絕版）

▶這是一本給予夢想、希望與鼓勵的繪本。畫風鮮明，使棒球的熱情在兩個不同世代的青年與小學生身上，得到共鳴。喜歡打棒球的孩子，別錯過這本充滿熱情又好看的書。

《我的貓狸在哪裡》
文／苗栗縣政府編印
圖／小路映畫 日淳
苗栗縣政府（2015）

▶這是苗栗縣政府首度以繪本形式出版的農業旅遊叢書。插畫家以親切可愛的筆觸及內容，描繪苗栗縣十大休閒農業區豐富的農產作物、多元的農事體驗及美麗的農業景觀，帶著繪本與孩子一起走踏苗栗縣，藍染、紅棗和鱒魚，不再是農業抽象的形容詞，而是在地風土的真實。

《我的貓狸在哪裡》並沒有公開發售，但可至苗栗縣各級圖書館或休閒農業區旅客服務中心借閱，或至以下網址下載電子檔。http://www.miaolifun.com.tw/index.php?menu=20

《手塚治虫：昆蟲圖鑑》
文／小林準治
玉山社（已絕版）

▶追隨日本漫畫之神手塚治虫多年，也是昆蟲迷的動畫工作者小林準治，從手塚七百多部作品中挑出與昆蟲有關的部分，配上文字解說及插圖，編寫成這本有趣、另類的昆蟲圖鑑。讓我們看到著作怪醫黑傑克的手塚的另一面。

臺大昆蟲學系朱耀沂教授說，如果把這本書定位在「少年眼光看昆蟲世界」去研讀，一定別有一番滋味。又對於愛好昆蟲的小朋友，也不失為一冊進入昆蟲世界的極好指南。有蟲的童年是單純快樂的，我認為每個天真的孩子，都值得在床頭放著一本昆蟲圖鑑。

當孩子吃金鶴米

細心於「吃」的人便會知曉「吃」是不能小看的。「吃」不僅是張口吃東西，「吃」還是科學和人文藝術兩種領域的結合，它是方興未艾的土地倫理運動，也是全球商業趨勢的大熱門。因此，開啓孩子對飲食更多的熱情、經驗和想像，是我在家庭生活裡極重視的安排，團圓吃飯不僅能凝聚感情，同時也帶出知識。今晚我就陪孩子用電腦瀏覽新北市金山區農會的網站，希望孩子們了解明天便當帶的金鶴米來自何處，金鶴米背後有著什麼樣的NGO故事，它的每公斤售價是多少？金山農夫使用什麼樣的農法種植金鶴米？孩子做足這些功課以後，立刻興奮地在農會網站下了十公斤金鶴米宅配到府的訂單。

當孩子以鍵盤親自走完這一整套認識米、選購米的流程，他如何能不期待兩天後親自開箱，品嘗這充滿故事的金鶴米是什麼樣的味道？

認眞吃飯的家庭，很難對米的新聞無動於衷，而金鶴米是個極其偶然、溫暖、美麗的關於一隻稀有迷途鳥的故事。二〇一四年十二月十三日，金山清水溼地突然飛來一隻罕見的黃毛幼鳥，經專家檢驗過它的羽毛，證實這是華盛頓公約附錄中所列，僅次於美洲鶴的嚴重瀕危動物。目前全世界僅存三千五百到四千隻的西伯利亞白鶴，這隻亞成鳥很可能是在家族集體遷徙，飛往鄱陽湖過冬的路途和親鳥失散而迷路，最後意外落腳到離家六千里的金山小農村，原本不可能出現在臺灣的瀕臨絕種鳥，自此開啓了即將邁向第二年的小白鶴奇幻旅程。

我的孩子特別喜歡守護小白鶴的最重要推手邱銘源老師，也是臺灣生態工法發展基金會副執行長在臉書上所寫的這一段話：

「金山的小白鶴，其實就是少年 pi 的翻版，它和爸爸媽媽不幸分手，一個人獨自進行千里的奇幻漂流。也許會碰到野狗圍攻，也許要獨自面對野貓挑釁，也許困在田裡找不到食物，也許不敢振翅高飛，也許還有不友善的農人執意噴藥驅趕。

但我想，這就是眞實的臺灣，這就是眞實的野地，以天地爲家，本來就充滿凶險與挑戰。小鶴其實就是一面鏡子，你怎麼看小鶴，其實就反映你看待自然的態度，就反映你怎麼看待自己人生的態度。」

孩子因此對小白鶴所激盪出的一長串故事展開追蹤的興趣。於是我特地挑選一個平日遊客稀少的日子，讓孩子向學校辦好請假手續，一起到磺清大橋的小鶴基地，去尋覓、觀賞小白鶴在溼地農田裡的眞實生活。由於小白鶴在清水溼地受到政府和民間人士通力合作的奔走保護，使這樁美事受到國際間的注意，俄羅斯西伯利亞地區極具影響力的《西伯利亞時報》（*The Siberian Times*），便將此善意行動刊登在新聞網首頁的頭條新聞〈臺灣人，謝謝你！〉（Thank You, people of Taiwan!），並在臉書專頁寫下「我們愛臺灣人！」（We love you, people of Taiwan）。孩子瀏覽這英文網站的報導後隨即露出喜悅的笑容，因爲在愛鳥保護溼地的這場活動裡他沒有缺席，他以享用金鶴米的實質行動，讓這群無毒農法種稻的愛鶴老農有了收入的保障。我們購買了繪本《金山ㄨˇㄍㄠˋㄏㄜˋ》和攝影集《返家六千里：小白鶴的奇幻旅程》，這兩本書的義賣所得將全數支持金山溼地的復育計畫，讓往後所有隨著東北季風氣流漂洋過海、遠道而來的候鳥，都能有個生態豐富、飲食無虞的中途站。

孩子也問了一個很有意思的問題，這隻小白鶴在金山農田被老農友視之如孫兒般過著自由快樂、食物無虞的日子，但形單影隻的牠一定很孤單吧，我們爲什麼不送牠返回西伯利亞，讓牠和牠的爸媽家人相聚呢？

這個問題不僅是情感面的思考，它還指涉了許多生物科學研究的層面。臺灣最資深的賞鳥人之一，也是著名鳥類學者、國立臺灣大學森林環境暨資源學系副教授丁宗蘇，為社會大眾解了這個惑，他表示：「政府以及民眾用了許多方法來確保小白鶴的安全，也和各方人士討論研究過護送小白鶴回家的做法，但以人為方式送返一隻候鳥回去並不簡單，一定得符合『瀕臨絕種野生動植物國際貿易公約』（CITES，即華盛頓公約）的規定，而臺灣是禽流感疫區，依法規我們不能將降落疫區的小白鶴送回西伯利亞或中國大陸。所以，臺灣目前能做的，就是靜觀小白鶴，由它自己決定要往哪裡去。」

丁宗蘇教授的專業建議，是確立讓小白鶴「野來野去」，「保護，但不干擾」的原則。而我們吃下的每一粒金鶴米，也讓金山地區農會和農民對於友善耕作的方式，更有了信心。

誰能想到孩子關注一粒米，可以獲致如此豐富的科普與人文思考機會：

什麼是西伯利亞白鶴？查不查得到它的候鳥遷徙圖？從俄羅斯一路飛到長江流域的路線有多長？何謂華盛頓公約？既然提到報導小白鶴的《西伯利亞時報》，何不拿出地球儀或地圖，找找看西伯利亞位於世界的哪裡？從臺灣到西伯利亞，會跨過什麼海洋、要怎麼去呢？

而金山在臺灣的何處？它有哪些著名的農特產？小白鶴如何和農友建立起情感？根據金山溼地志工的蹲點觀察紀錄，小白鶴一天吃掉三百顆福壽螺，每一顆福壽螺保守估計平均重約五公克，三百顆福壽螺就是一點五公斤，而小白鶴的體重大約五至八公斤，科學家要如何推論這樣的食量足夠了呢？

如果我們認爲建立孩子的價值觀很重要卻又抽象、難以具體，那麼串聯起這隻西伯利亞小白鶴的金鶴米故事，已爲孩子體現了愛護生命、人性眞善美的高度價值。金山地區的七位農夫，心靈閃耀如金，他們不斤斤計較小白鶴吃掉多少經濟作物蓮藕，反而另外想辦法引水入田放養魚蝦，讓小白鶴有更豐富多元的飲食來源，而小白鶴努力啄食稻田害蟲福壽螺的可愛模樣，它的利爪和長喙，都是提供孩子活知識的最好範例。別再抱怨社會課本有多難記了，只要帶孩子走一趟金山，讓孩子的生活腳步與課本有了實體的連結，就可以減少產生死背課本的焦慮與痛苦。

我們別輕易錯過日常生活裡，能夠幫助孩子延伸閱讀和思考的冷熱門新聞。一粒米、一隻鳥自有它的新奇和學問，金山清水溼地附近的清美國小即依地制宜，適時發展出以小白鶴爲主題，融入了戲劇、自然鄉土及環境保護的豐富課程，規畫出師生共讀繪本《金山

ㄨˇㄍㄠˋㄏㄜˋ》，一起出發到溼地拜訪小白鶴，回校後再鼓勵孩子細膩用心地創作出一隻小白鶴道具，並根據繪本《金山ㄨˇㄍㄠˋㄏㄜˋ》爲大綱，讓孩子們自己編故事、設計舞臺等等。

家庭是最小巧可愛的生活教育執行單位，童年應是父母照護下最歡樂的生活場域。迷途而來的西伯利亞小白鶴爲我們打開了溼地農村之旅，此外生活裡處處都有引發孩子小貓般好奇心的小地方，就像我家天花板上的蜘蛛。我們從它還是一隻小寶寶時就開始記錄觀察，並從圖鑑了解蜘蛛絲有著非常驚人的強韌度和延展性，科學家一直在研究將蜘蛛絲開發製成防彈衣的可行性，只要不嫌惡蜘蛛黑撲撲的外表，從小白鶴的稻田到家裡的天花板，都可以滿足孩子探索知識的熱情。

網路影音時代，孩子可透過以下方式追蹤到金山小白鶴的動態：

西伯利亞白鶴的臉書專頁：臉書輸入「金山小白鶴」即可。

繪本：《金山ㄨˇㄍㄠˋㄏㄜˋ》可上金山小白鶴臉書訂購。

攝影集：《返家六千里：小白鶴的奇幻旅程》可上金山小白鶴臉書訂購。

Youtube：金山小白鶴，可看到小白鶴在臺灣一路的成長影片。

訂購金鶴米的訊息：金山區農會官網或電話02-2498-7158。

若想親訪小白鶴：志工基地在新北市金山區磺清大橋旁。

《金山ㄨˇㄍㄠˋㄏㄜˋ》
文／邱銘源、胡妙芬
圖／程一心
財團法人臺灣生態工法發展基金會（2015）

《返家六千里：小白鶴的奇幻旅程》
文／邱銘源
圖／財團法人臺灣生態工法發展基金會收集編著
財團法人臺灣生態工法發展基金會（2016）

豬籠草的小宇宙

雖然經常在網路上讀到有些父母在解讀孩子的各科考卷時，因感到過於艱澀而強烈發出不平之鳴，但因爲我更喜歡在夜裡和孩子談天說地來取代檢查孩子學校的當日作業，所以我對他們從小學到高中這十年來的各科試卷內容，所識委實不多。直到最近和幾位好友帶孩子們到慶祝割稻收成的雲林鄉下去體驗農村風土，只見每個孩子一會兒興奮地在塘埤邊學習如何上餌鉤學釣魚，一會兒又趁著夕陽尚未落下、天色猶明，焢窯野炊烤地瓜。看他們在田埂間跑跳活躍、動手動腦、互動歡悅，一整天下來，沒有一個孩子開口找爸媽說我好無聊、讓我玩手機或平板電腦。

孩子在原野盡興地玩，大人們便輕鬆自在圍著石桌喝茶聊天，幾位朋友忍不住嘆氣說家裡小學生的國語和自然科考卷非常難作答，對學校考卷試題內容不甚了解的我，開始努力追溯記憶，怎麼從沒聽過孩子們在小學時期抱怨考卷太難呢？還是他們也曾有過困頓時光，只是他們選擇獨力作戰麼？

回家以後，我請老大把他正打算要寫的雙面國文試卷借我看一下，這是第十課現代詩選的測驗卷，我心想，高中生的國文考卷應該既不有趣，且艱澀有之吧？

然而，讀完這張高一的國文平日測驗卷，坦白說，我感到鬆一口氣。整體而言，單靠死背記誦的考題比例約占三分之一，另三分之二的考題主要在測驗中文理解能力，這不是一張鼓勵死讀死背就能拿高分的考卷。有些題目的靈活設計，似乎是在獎賞那些從小在閱讀興趣和生活體驗有長期累積的孩子，靈活的題目對孩子或大人來說難或不難，沒有一個標準的答案。例如，其中有一題題目頗長，但孩子若對本地常見植物不陌生，也有一定程度的閱讀能力，則答對的機率頗高。題目是這樣的：

請從參考選項中，選出下列現代詩所描寫的對象。

參考選項：（A）楓葉（B）布袋蓮（C）百合（D）柳樹（E）聖誕紅

1. 而我鄰舍的頑童是太多了／星星般地抬走一個黃昏／且扶著□當玉杯／而那新釀的露酒

是涼死人的。

2. 下午。池水中／擁擠著一叢叢懷孕的□／這個夏天很寂寞／要生，就生一池青蛙吧／唉，問題是／我們只是虛胖。

3. 年年劫秋之後，萬花落盡／你擎一叢一叢紅豔／如擎一支一支火炬／自冰冷冷的封凍下，默默燃炬。

4. 秋天，最容易受傷的記憶／霜齒一咬／噢，那樣輕輕／就咬出一掌血來。

5. □／彎腰忙了一個下午／才把池塘／擦拭得晶瑩奪目。

第一題乃出自鄭愁予的詩，若孩子看過百合盛開的花形，不必多想，長得像杯子且可以盛露酒，很快就知道答案是百合了。第二題是洛夫的詩句，從池水和虛胖這兩個線索，一個經常觀察湖泊池塘生態的孩子，很容易就猜出答案應是布袋蓮。第三題我不確定是哪位作家的作品，但「紅豔」和「秋之後」是很明白的線頭，孩子不難判斷出此詩句描寫的是聖誕紅。第四題則出自余光中，關鍵字很多，血、手掌、秋天都讓孩子立刻讀出來詩人歌的是楓葉之美。第五題的可愛小詩則是非馬的作品，不論先前是否讀過此詩，詩句中的彎腰和池塘已然明確，除非孩子從未見過紙本裡或公園、池邊的實體柳樹，否則，這一題讓小學生來作答也不難答對。

孩子告訴我，寫這一題不費吹灰之力，且五首詩句有的可愛有的冷冽，讓他答卷時很有讀詩的樂趣，而暫忘考試的緊繃壓力感。

當然，若孩子從小不曾在大自然裡觀賞過秋天的楓樹、山坡野百合、河畔的細柳、花市販售的聖誕紅和水塘野生不息的布袋蓮，那麼這一題他就得思索特別久，以消去法碰運氣是否能全數答對。這一題的困難不在艱澀的中文用字，而是孩子的生活體驗是否多元豐富，光靠強背課文不能保證面對靈活題目的應變能力。

這張考卷的題目讓我解讀到「大自然就是孩子最好教室」的訊息。大自然並不專指兩三小時車程外的山巔水岸，巷口牆縫的野鐵線蕨和玉蘭樹也有其意義。經常帶孩子到戶外去漫步，讓孩子對家園附近四季植物的變化有敏感的觀察，對他的心靈成長與課業學習助益不少，樂趣更多。小學是人一生中休閒時間最充裕的時光，也是喜歡黏著父母出遊的最後黃金六年，臺灣是個一小時車程內就可上山下海的美麗島，所以，讓八歲、十歲的孩子多接近大自然，是我當時極堅持的家庭教育信仰。

記得孩子小學三年級時，有一天在餐桌上他聊起自然課正在進行的食肉植物單元：豬籠草，雖然課本圖片很清楚，但他還是希望能夠親手種一盆豬籠草，近距離觀察它是否眞的能抓到蟲子，還有它究竟如何消化掉螞蟻和蚊子的。嗜種蘭花的我並不怎麼欣賞豬籠草的長相，但以家裡有限空間盡可能讓小學生擁有一點小小的生態系，是家庭生活樂趣的一部分，因此我馬上找時間帶孩子到園藝店去選了兩盆總共一百五十元的豬籠草回家，由孩子掛在向陽的窗邊做筆記觀察。

我也跟隨孩子一起探究，是什麼樣的奇妙構造，讓豬籠草吃肉呢？

原來豬籠草先天的低氮生長環境，迫使它不得不轉向補充動物和昆蟲的蛋白質來增加氮的均衡營養。根據英國植物學家安東尼・赫胥黎所執筆的《綠色資產》，世界上最大的豬籠草甚至可分泌兩公升的消化液，足可消化掉一隻鴿子。一棵草本植物竟然可以吃掉一隻動物，實在驚人，對孩子來說，自然課有時就像哈利波特般超出了日常的想像。雖然課本也圖文說明豬籠草是藉由瓶口的氣味和蜜汁引來昆蟲，當獵物受誘落入瓶身以後，光滑的蠟質內壁讓它們無法往上攀爬，最後只能在消化液中慢慢被分解掉，但圖的眞相不比實體的深刻。在自家窗邊懸吊兩盆豬籠草，孩子即可親眼目睹螞蟻在豬籠草的消化液裡逐漸失去掙扎的過程，本來只是課本的單調圖文，在家裡卻有了活生生的體現，這並不鮮豔美麗的豬籠草，除了具有自然科學的實作，且讓孩子看到動物與植物交纏了不同的生存考驗。

規畫一個家庭生態系不需花費太多錢或時間，不妨試著讓孩子養魚養貓養狗養烏龜，教孩子翻閱圖鑑學習如何養肥幾棵豬籠草，課本內文就可以順勢在家庭變得立體。如今我回頭翻看孩子當年的小學生日記，彷彿他們天眞的笑靨又重回我眼前。讓孩子的日子豐富，他們的心智怎能不隨之跳躍進步？

推薦大人小孩都實用的食蟲植物專書：

《食蟲植物新手指南：地表上最有個性的植物栽培方法 & 養護技巧完全解析》

文／小鴨王 duckking
遠足文化（2015）

▶這是一本將豬籠草有關的基礎知識、栽培養護、進階繁殖都完整寫出的入門圖鑑，讓人讀了忍不住好想立刻動手種豬籠草抓蚊子。

通考據，詢野人

大約五、六歲時，母親曾允許我在家門口的水溝邊，獨力種下幾十棵空心菜，但並不是撒下種子等它發芽長莖葉的傳統方式，而是有天當他在廚房撿菜備料時，我聽到他隨口說了句，這些還帶著些許鬚根的菜莖，比較刮，煮了不好吃，就不要了，但其實把它們插在土裡就能活喔。

媽媽無意的喃喃自語卻大大激起我的好奇心，我便將那幾十根本該被丟棄的空心菜莖全數收攏到我懷裡，想到家門口水溝邊那兒的黑淤土總是濕軟，不如就種在那兒吧。我的首發空心菜復活實驗於焉展開。記得當時每天早上起床第一件事，就是蹲在寧靜的水溝邊觀看莖葉的變化，四十年前的清晨臺北，天地無語，我清晰記得年幼的我必須小心翼翼控制蹲姿的力道，才能掌握既不會跌落到水溝裡，又可以細看每棵空心菜死活的最好角度。

這件微不足道的偶發小事，在當時看不到任何特別的教養意義。彼時父母親奔忙於養大五個孩子的生計，何謂栽培或教養他們從來不識，每天清晨媽媽一起床就佇立廚房張羅全家人的稀飯和配菜，他任由我稚幼的身軀在水溝邊潮濕的空氣中，撫觸著新長出來的嫩葉，我孤獨地發出喜悅的讚嘆，也暗暗欣喜自己竟然有本事，就這麼把大人不要的空心菜給種活了。那應該是漫漫人生我第一次對自己能力的相信吧，就在我五、六歲的時候。

因此我如何能不感謝我的母親。雖然他不識字，但他確實教會我如何生活於世。

這段經歷也啓蒙我對植物與土壤的情感，我常常想，五、六歲時無所事事地在水溝邊種下一整排空心菜，小學時被母親不斷指派種菜、翻土、澆肥、煮飯的諸多任務，我才有機緣在幾十年後寫出《廚房小情歌》吧，去年我在媒體專欄呼籲基改黃豆應盡快撤出校園營養午餐，我對在地農村與農民長期的關懷和感恩，這一切都是因爲年幼種菜的記憶深埋在心，影響我的閱讀與寫作取材。媽媽不曾圖指養出一個靠寫作爲生的孩子，他只是餵飽我，又願意讓我擁有許多自由生活的時刻。

媽媽的包包裡沒有閃示卡、布書、繪本、麥克筆和莫札特音樂帶，但那些年他會緊緊牽住我的手，聽我說很多話，走很遠的路，經常走在買菜的路上。

十幾年前我因爲養育孩子而開始研究飲食議題時，在朝九晚九的繁忙職涯裡我曾試著去略讀李時珍所著《本草綱目》，最令我感動的是他對於科學的實證態度，其足跡走遍大江南北的荒山野嶺，他說自己的做法是「通考據」「詢野人」，我讀到李時珍四百多年前的睿智珍語，茅塞頓開。所謂「通考據」，是指透過閱讀文獻去整理、思索歷史資料的正確與失誤，而「詢野人」，則指出他除了閱讀文獻，還積極尋訪請教民間的農夫、漁民、獵人、樵夫等專業職人，根據他們所傳授的領域經驗，再進行李時珍個人的考察與判斷。

孩子的成長何嘗不是如此呢？如果我們只強調孩子閱讀的量或質，卻忽略孩子的學習方式也應當有「詢野人」的動態對應，想像若李時珍數百年前耽溺於「通考據」而捨棄與戶外眞實世界同步產生互動，那麼，他也就無法創作出這本高達一百九十萬字，讓達爾文讚譽爲「中國古代百科全書」的《本草綱目》了。

孩子上國中以後，有一次打掃房間，我突然看到角落裡他小學五年級「自然與生活科技」課本，內頁畫滿了他信手塗鴉的可愛生物圖形，也有他用心良苦的補充筆記，寫得相當充實豐富，我看了不禁莞爾，孩子的時光印記，怎麼看都可愛。然後我翻到某一頁專題是「植物傳宗接代的方法」，內文介紹很多本島常見的植物生態，例如大花咸豐草的果實有刺，所以很容易附著在動物身上，隨著動物的移動以延續新生命。而非洲鳳仙花的果實一成熟，一經風吹的微小力道就會迸裂開來，將種子彈射出去。路邊最常見的山蘇和波士頓腎蕨則是用孢子來繁殖下一代，孢子囊群就長在葉子的背面，那些細小的孢子成熟後會翻飛各處，落地生根。這一課還介紹南瓜花的雌蕊和雄蕊是如何授粉再發育爲果實和種子，以及榕樹的氣生根有著吸收空氣中水分的功能。

是不是很豐富，但也不簡單？

這些課本內容大部分取材自田園、山野或公園等地常見的植物，當然也會成爲學校考試測驗的題材，鼓勵小學五年級孩子學習本島常見植物如何繁殖的常識是正確的，只是，我不能想像若要孩子光憑課本圖片或參考書的統整考卷，就能記誦住蕨類的孢子囊群傳播方式，那是多麼欠缺創造力的學習方式。

光看一張番茄剖面的圖片，就能讓孩子記起來番茄果實內有無數顆種子嗎？還是應該讓他拿著小刀自己切開一顆番茄看看呢？如果能親訪菜園，讓農夫與孩子聊聊南瓜花的雌蕊和雄蕊，看看農夫是怎麼進行人工授粉，孩子就不必死背柱頭和子房的樣子來作答了。

這一冊小學五年級的舊自然課本，讓我跌入孩子的成長光陰，回想他們曾經攀向坡路邊高高生長的山蘇或波世頓腎蕨，努力尋找葉子背面的孢子囊群，孩子說那一點一點細小的黑粒，看起來像是讓冰淇淋更芬香的香草籽。而被叫做鬼針草的大花咸豐草，兩個孩子至今仍喜歡惡作劇地將種子黏在我背後的衣服上，看看我將把這些硬刺種籽散布到何方。

課本裡還有其他常見植物如楊桃樹、林投樹、地瓜、馬鈴薯、睡蓮、布袋蓮等形體，幸好我經常在日常散步或農村旅行時，親自指給孩子看，或委請農夫說給孩子聽。我可以想像當年老師在臺上講解這些植物的傳宗接代時，孩子必然是驚喜、興奮、進入狀況的，我也可以同理心猜測，那些課後時光很少隨父母去「詢野人」的孩子們，面對這樣的課文，任憑努力死背老師放映的幻燈片或紙本圖文，也很難通過筆試測驗拿分數的，大人不妨自己試著背背看，就能理解背誦是多麼地無聊、缺乏效率且扼殺學習興趣。大自然是孩子最好的教室，這道理人人都懂，而我也確實心誠去做。

上週孩子陪我去傳統菜市場買菜，遇到小販遠從宜蘭帶來一籃新鮮昆布叫賣，這可不是常見的滷味小海帶結，而是長達一百多公分的現流海藻。新鮮昆布拿在手上黏溜溜的，我要孩子湊近去聞看看有沒有化學防腐藥劑味，孩子搖搖頭說不僅完全沒有藥味，而且充滿大海的天然鹹味。他一手捧起來，馬上感受到在這寒冷冬季那海人得經過怎樣的刺冷，才能採集到這新鮮厚實的昆布。雖然孩子人在菜市場，但此時此刻他很幸運地遇到這位昆布職人，遂得以透過生動的角度認識一種海洋生物，生活裡有太多職人可以成為孩子的良師。

通考據，詢野人。謝謝李時珍的工作信仰，讓我和孩子學習到紙本文字與庶民對話之間的交融，更能織錦出學問的厚實。書與人，人與書，息息相通，活出日子的趣味。

推薦一本適合親子閱讀的科普繪本：

《爸爸是海洋魚類生態學家》

文／張東君
圖／陳維霖
小魯文化（2013）

▶這是一本海洋教育的知性繪本，也描述父親與女兒互動的感性面。它開啓孩子進入海洋世界的無窮想像，作者張東君是國內甚受小朋友喜愛的科普作家，由他來書寫爸爸（張崑雄教授）身為海洋魚類生態學家的故事，說出張教授如何引發女兒的「好奇心」、「問出好問題」、「收集資料」、「實地觀察」與「自尋答案」，且生動介紹海洋生態與人工魚礁的知識，書中充滿了父女的親密與經驗傳承，非常吸引人。

第二章

彎腰，在生活的勞動裡成長

深信家事的力量

最近買了半斤洋薏仁來嘗鮮，爲了試試這穀物的風味，我決定到傳統市場買些豬小腸來燉煮成一鍋四神湯。當我在廚房清洗處理這滑不溜丢、難以手握、略帶腥味的動物內臟時，突然想，孩子非常喜歡吃婆婆煮的小腸胡蘿蔔絲糙米粥，那燉煮到軟嫩的豬腸與帶點嚼勁兒的糙米搭配完美，呼嚕呼嚕可以連吃好幾碗也不膩。這既營養又美味的家常美食，孩子們從小吃到大，卻從來不曾親手處理過生的豬腸呢。

於是我把正伏案準備段考的孩子叫進廚房說，你看這就是豬腸，它是生的，也就是還沒有煮過的。你試試看把豬腸放在水龍頭底下用兩隻手稍微搓洗，然後拿剪刀把所有的豬腸剪成一小段一小段四公分左右，四公分的豬腸煮熟以後可能會縮到剩兩三公分喔，這長度會讓吃的人比較好咬好消化，太長會讓人噎到，太短則口感又不太好。等你把這些豬腸剪好，媽媽再教你下一步川燙、去浮渣的工作。

心中掛念大考迫近的孩子，一開始臉部表情顯得有些勉強，嘴裡嘟噥著豬腸滑滑的粉紅色的有點噁心，但很快他就抓到握剪豬腸的手感與訣竅，專注於其中讓他逐漸感到有趣和成就，並得以暫時遠離讀書的枯燥與煩悶，腦袋放空雖然看不到績效，卻往往是靈感的泉源。他在廚房伶伶俐俐地與豬腸奮鬥三十分鐘後，彷彿充飽電地返回書桌繼續讀筆記，而我也樂得偷點時間在沙發上讀點小書。

我喜歡鼓勵孩子陪我做各種家事，維持一個房子的整潔有序並不容易，如果不能得到孩子的幫忙，長久下來我會承受過重的工作壓力，就會成為一個不開心的女人。因此我經常告訴孩子，家事就是家人的事，每一個人都要認養家事，才會有個身心健康平衡的媽媽。我們會一起拎著做好分類的廚餘和垃圾，抱著散步的心情，走一段十五分鐘的下山路，到社區附近的垃圾分類站去倒垃圾。四口之家每天煮三餐的垃圾量不小，一兩天就產生幾公斤的垃圾，有時遇到下雨一手撐傘一手舉物頗辛苦，有時盛夏酷熱我們就邊走邊唉唉叫好重好重，也有時遇到星星月亮都出來的涼爽夜晚，母女三人就邊走邊唱流行歌。偶爾我們會一大早就起床出門去倒垃圾，然後順便逛菜市場吃早餐。總之，垃圾是我孩子們必得學習面對的重要家事。

很少人像我這樣經年累月不放過各種機會引導孩子做家事，那是爲了我自己的幸福，也是爲了他的生活自理能力。如果最終養育出一個茶來伸手、飯來張口、對家庭付出冷感的孩子，那豈不是太傷心。

當我看到孩子做家事的手腳由生疏進步到流暢，看到他對自己的能幹感覺愉悅和驕傲，看到他的獨立性格隨著越做越多而越來越強，彷彿已看到多年後我將不再需要伺候懶散、對家務無動於衷的大孩子。別小看孩子做家事的能力，其實我九歲就會炸豬油、割地瓜葉提廚餘桶餵豬，所以我也讓孩子十歲時學著一手抓緊尖尖刺刺的鳳梨，一手拿刀削鳳梨皮。廚房危險在所難免，但如果四川偏鄉孩子八歲就能劈柴生火、背著弟弟妹妹在灶腳煮飯，那我的小學孩子當然也有能力分擔部分家務，我也才有時間小憩或做些讓自己成長開心的事，才不會成爲一個經年在做不完的家務中空轉、老去、碎念、抱怨的媽媽。

有時我在朋友臉書上，看見他們分享學齡前孩子幫忙做家事的可愛模樣，五、六歲兒童的大小肌肉發展尚未穩定，簡單家事如洗杯子、擦桌子、掃地、摺衣服都是很好的肌肉訓練與生活情趣。小孩子樂於享受和父母共同生活的所有時光，適度的勞動帶給孩子信心與責任感，沒有人不希望自己是有能力付出且對群體組織有貢獻的，孩子當然也一樣，做家事能夠讓小朋友透過手做，認知到他是家庭的一分子，他享受親澤也分擔家務，仔細看那些照片裡會做家事的幼兒，臉上散發出一種天眞、自信的光彩感，因此若剝奪孩子做家事的機會，那是追不回的成長遺憾。

但那些幫忙做家事的學齡前孩子，上小學以後卻因安親班、才藝課、學業考試和假日旅遊活動等等，隨著肌肉發育得更強健，家事訓練卻大幅減少了，實在好可惜，畢竟家事習慣和技巧的養成，需要長期的持續累積。還有個常見的尷尬是，孩子上小學以後花更多時間上網、社群聊天、打電玩，做家事的熱情與動力不若以往，越少做就越不會做也越叫不動，一兩年後，想看到國小中高年級孩子挽起袖子、參與家務的勞動遂更形困難，遑論一頭栽進升學壓力的國中生與高中生了。不會做家事或很少做家事的孩子，失去的是生活能力和自我成就，他將無法了解家務是幸福家庭的經營之道。

有一天當我們邁向初老、體力漸退時，也沒有嫻熟家務的子女爲我們分擔房子的灑掃與維護，甚且他可能因爲不擅收納而成年生活品質一團糟。做家事，雖然拿不到一張滿分的考卷，但幸福人生少不了一個清潔收納的家，所謂窗明几淨、滿室生香，家事教育實在是個很重要卻被疏忽的教養議題。

◆

安排孩子做家事並不困難，只要父母適當使用策略與技巧，每天放學挪出少少的二十分鐘，讓孩子學習、習慣家務的操作，持之以恆的紀律最爲重要，下定決心讓孩子感受到：

「啊，原來爸爸媽媽每天面對這麼多種的家事！」

「原來除了享用家裡的資源求學成長，我也是有責任和能力分擔家務的。」

能讓孩子萌生以上領悟，家事教育就算成功了。

爲了讓孩子確實體會家庭整潔是靠很多細節的維護，我每天刻意留下一件家事給放學回家的孩子做：

週一：夏天到了，讓孩子從儲藏室拿出電風扇學習如何拆解一片一片的電風扇葉，並請他將卡在電風扇葉隙縫的塵絮全部擦拭乾淨，再試試看能不能組裝回去。若時值秋天，則教導孩子把每一片扇葉都擦亮，然後套上防塵袋，找個儲藏空間讓辛苦工作整個夏天的電扇好好休息。孩子學會保養小家電，是惜物教育的第一步。

週二：我今天跟孩子解釋如何選擇可環保分解的清潔劑，並指導孩子如何用刷子把馬桶裡裡外外刷乾淨，馬桶蓋的隙縫特別容易藏汙納垢，更要完善清潔。

週三：告訴孩子洗澡也可以順手做家事，例如從身體流下來的熱肥皂泡泡水可刷洗浴室的地板，洗頭時掉落的毛髮要記得撿起來丟到垃圾桶，以免毛髮堵塞排水孔。

週四：孩子放學回家喝杯水略事休息以後，就去陽臺晾曬洗衣槽內已脫洗乾淨的衣服，並視當天的溫度和氣象，讓孩子猜猜看衣服大概要晾曬幾天才會乾。要學會判斷晾曬衣物的間隔，不能掛得太密集以免空氣不流動，造成衣服發霉發出臭味。

週五：讓孩子用水桶和抹布擦拭他房間的紗窗內外，並提醒他觀察擦拭前、擦拭後的光線透視度差異，紗窗不卡塵粿，室內空氣才會對流，人體才會健康。

週六：出門遊玩前請孩子先去陽臺把衣服收進來摺，讓他把全家人的衣服各自放入正確的櫥櫃，做好分類很重要，內褲、襪子、長褲、短褲、T恤、內衣不能混淆，然後要求孩子擦拭他自己房間的地板。

週日：帶孩子去菜市場。煮飯前請孩子整理蔬菜的莖葉，例如折地瓜葉、洗空心菜、切秋葵茄子，多做幾次孩子就認識許多種蔬菜了。飯後指導孩子如何回收廚餘使之無臭味溢出，才不會成爲蟑螂的盛宴。

適合小學生練習的家事很多，刷牙後可以養成習慣順手洗一下洗手檯、每天洗自己的便當盒、一定要學會如何洗米量水、操作家裡的電子鍋、更該學會操作洗衣機、能夠判斷待洗衣物量和水位、洗衣精的關係，現代人很幸福，各種先進家電的發明使人類生活更有效率，我們卻讓孩子擅用手機、不擅用家電。我還教會孩子用菜瓜布刷不鏽鋼鍋，但不沾鍋只能用柔軟的布刷洗才能延長壽命，我也計畫性地讓孩子慢慢學會微波爐小火、中火、大火的差異性，等到孩子上國中以後，我如果外出辦事或先入睡，孩子就可以自己加熱食物，這樣他才可以生活得不錯。

這些都是基本、簡單、重要的家事學習，不會占用孩子太多時間，就能夠讓孩子了解到不做好這些家事，居家生活的品質就會變糟。當你沒有乾淨的衣服穿，沒有熱的食物吃，沒有乾淨的廁所可以淋浴，家的幸福感也就沒那麼強了。孩子也會發現原來媽媽日復一日的工作量如此繁瑣。另一個好處是讓孩子分擔家務，使我個人的體力耗損相對變小，我就更有餘心餘力陪伴他探索生活，看到孩子懂事貼心又勤快，我也因此大受激勵與快樂，不再是一個家事做不完的孤獨怨婦。這每天小小的家事二十分鐘，帶給孩子和我的正能量不可小覷。

我們總是跟孩子談持之以恆的重要性，就讓我們大人先持之以恆，培養孩子做家事的能力吧。

唯我世代的同理心

暑假天氣熱到攝氏三十多度，我出門搭公車去傳統市場買菜時，特別喜歡帶孩子們一起去。菜市場內人群熙攘，我知道孩子夾擠在人潮中揮汗口渴，難免心生煩躁，便帶他們到乾淨衛生的小店買杯冰豆漿止飢渴，然後我們在路邊一一分派好水果、雞腿肉、蔬菜、豆腐、糙米漿、雞蛋等重物，再上下公車又走一段上坡路，終於氣喘吁吁地結束買菜旅程回到家。幾次經驗下來，八歲、十歲的孩子們便默默了解原來夏日炎熱，在雜沓人群裡提一兩個鐘頭的重物是如此辛苦疲憊的感覺。

讓孩子去體悟這種又熱又重又累、不能中途鬆手、還得保護木瓜豆腐火龍果雞蛋禁不起摔了的感覺，就是培養他們同理心的一小步。同理心不等於同情心，同理心（Empathy）是指站在對方立場去設身處地思考的一種方式。換句話說，如果孩子不曾懂得又熱又累，他也就很難去同理他人所承受的肉體辛苦。有時我們把孩子保護得太過，他便沒有機會學習同理他人的處境，歷史上晉惠帝最有名的話「何不食肉糜」，便是同理心匱乏的例證。這是個互動密集的年代，單打獨鬥難以成功，但沒有人願意跟欠缺同理心的人合作共事或建立眞正的友誼。

因此，如何從日常生活培養孩子的同理心，這議題始終在我心中。

最近收到一位媽媽讀者的來信，他說由於工作忙碌以及身體健康情況不適合再度懷孕的限制，因此他僅育有一個七歲的男孩，這小男孩長得聰穎活潑、體魄敏捷，備受整個家族的寵愛。一方面他爲孩子的幸福環境感到安慰，另一方面他也擔心孩子會否因爲從小欠缺與手足共享資源或資源競爭的環境，以至於「自我」越來越大，本位主義太過彰顯，最後成爲一個缺乏禮貌、不具同理心、不耐等待的大人。

這位媽媽的來信顯示他是位深思熟慮、有遠見的母親。現代父母是人類有史以來經濟能力最富裕的一代，我們的孩子也因此承襲了物質生活最從容優渥的成長環境。我們願意花很多心思去製作健康的副食品，願意送孩子去學跳舞下棋踢球做科學實驗，我們願意存一筆錢帶孩子寒暑假出國旅行，我們捨得讓孩子選用高級好用的文具，我們也帶孩子逛書店進圖書館，我們注重孩子穿著衣服的布料是否安全無毒，我們如此盡力從各方面去打造一個溫暖快樂、無憂無愁的環境給孩子，但有一樣非常重要的心理特質，是我們再怎麼努力也很難立刻見效、教導給孩子的，那就是抽象難察的同理心。

美國《時代週刊》曾做過一個「唯我世代」（The Me Me Me Generation）專題，它報導自一九八〇年至二〇〇〇年之間出生的千禧世代有自私、只講自己權利的傾向。文章中引述不少有力的數據，並透過同理心調查，發現他們的同理心指數較上一世代急劇下降，「唯我世代」覺得自己的需要很重要，自己的意見應該受尊重，他們理當擁有很多權利，卻很少想到自己該承擔什麼責任和義務。香港城市大學亦曾於二〇一三年公布九千多份問卷訪調的香港學生自戀指數，發現香港青少年病態自戀的傾向較西方同期青少年爲高，這些調查也進一步指出孩子同理心的有無，與父母的管教模式相關。

同理心意謂孩子有能力去換位思考他人的感受或情緒，進而理解他人的立場與角度。當孩子長大成爲一個具有同理心的個體，他才可能建立和諧的人際關係，擁有一群互相支持的朋友，在職場工作也可因較高的思考格局，而激發出更精采的想法。一般來說，沒有同理心的人較欠缺禮貌，言語偏直率粗魯，由於經常想到的是他自己的需求與角度，有較多的自我關注，過度強調自己的想法和感受，而不具有從群體性去思考他者感受的能力。

如何才能讓這群唯我世代的孩子，除了擁抱科技、善於使用網際網路，同時也具有體察人性的心理素質呢？

過去我們大多生長在有好幾個兄弟姊妹的家庭，從小在餐桌上就不曾獨享，我們經常被大人教育雞腿、香腸等珍貴好吃的東西，要留一點給晚到的手足。當時家裡的房間數普遍不夠，所以我們必須與手足共用一個房間讀書睡覺，在作息上就得彼此配合，例如正要準備考試的兄長，今晚若要開燈熬夜讀書，弟弟妹妹就不敢嫌燈太亮睡不著，而是直接躲進棉被、避開光線、養成什麼樣環境都要能睡著的習慣。偶爾父母買了一件高級、摩登的衣服，孩子們就會彼此約定好輪流穿的公平模式，若遇到吃喜酒晚宴這種難得機會，那更由不得小孩做主誰能去，完全是爸媽說了算。

類似這樣家庭資源的種種限制，雖然有時讓人挫折，但並不全然是壞處，無形中造就許多讓孩子放下本我、自我的機會，我們不斷被要求必須考慮到其他家人的立場，做事不能盡想到自己的方便或快樂，有時更得犧牲部分自己的權益，協助手足去圓滿達成他的目標或夢想。例如哥哥調整鬧鐘響鈴時間要早起讀書，鈴聲大作時雖然干擾其他人睡眠，但這何嘗不是同理心的養成階段，這就鍛鍊孩子去感同身受他者的處境。在家庭裡所有的資源共享或剝奪，是最天然的同理心養成所在。

現代家庭的少子化，造成大量資源集中在一兩個孩子身上，因此孩子很難不以爲這一切取得乃理所當然，無異強化孩子的自我本位。爲了培養孩子的同理心，我的作法是打從孩子還幼小時，便經常在餐桌上提醒他們務必把雞腿、羊排、巧克力等愛吃的食物留給加班晚歸的父親；在阿公阿嬤家吃飯時，則一定把蝦子、滷牛腱等大菜留給堂哥堂弟，這不僅是餐桌禮儀，面對一桌好吃的菜要學會克制欲望，這樣的孩子不簡單。我也曾帶他們到醫院和生態保育組織單位去當志工，當孩子學習無酬奉獻出自己的時間和體力，就能藉此近距離感悟受苦者的需求和處境。

同理心從來就不會從天而降、與生俱來，如何幫助唯我世代的孩子建立適度的同理心，家庭生活是起步的地方。讓孩子從小在一個資源共享的氛圍下成長，是最基本也是最容易做起的。如此孩子在校園裡，就能慢慢學會釋放正面能量，那時他不僅僅是善良而已，他還能回應他人的情緒或苦痛，成爲一個有同理心、受歡迎的人。

穿梭於廚房與市場的孩子

今天在「上下游新聞市集」網站讀到美國柏克萊加州大學首度於大學部開設食物系統（Food System）的副修課程，這篇報導大大拓展了我對食物範疇的理解與想像。食物已不僅是農糧議題，從世界頂尖名校所設計的食物系統課程，可看到食物領域還結合了自然資源、新聞、法律、公共行政、公共衛生和其他如都市計畫、景觀設計、社會學、人類學等學門。學校還提供獎學金鼓勵學生主動提案，走出校園，到民間、政府和社區組織工作，例如有學生鎖定學校附近的灣區邊緣去探索可食的野草，除了運用數位地圖、紙本手冊、經營網站來介紹，更嘗試與民間組織合作栽種植物，分析植物的營養和毒理資料。

看到上下游這篇報導加州大學生如此關注飲食運動和農夫市集，內心百感交集，我們這裡的孩子是否對飲食和農業過於欠缺常識呢？前幾天孩子到同學家聚會，看到同學家廚房裡有兩個法國知名鑄鐵鍋，忍不住跟同學說哇你們家鑄鐵鍋的顏色好漂亮！不料同學一臉茫然答，什麼鑄鐵鍋啊？在哪裡？你怎麼知道那叫鑄鐵鍋？

聽到同學對家裡鑄鐵鍋全然無察的反應，我的孩子非常吃驚，因為他不僅能辨識電鍋、電子鍋、不鏽鋼鍋、鑄鐵鍋、琺瑯鍋、不沾鍋、砂鍋、陶鍋等差異，也大致知道這些不同材質鍋子的清洗保養方式，例如砂鍋很容易發霉所以清洗以後要讓它盡量保持乾燥，不沾鍋怕刮傷，所以不能用金屬鏟子和菜瓜布刷洗、塑膠水壺不能裝酸性飲料以免溶出雙酚A……但怎麼有同學考試很厲害，卻連家裡廚房的鑄鐵鍋都認不出來呢？

父母不妨參考英國教育部的資訊，英國政府已將「烹飪」列為正式必修課程，規定全國七到十四歲的中小學生須學會二十道料理才能畢業。雖然英國並非以地方美食聞名全球的國家，但他們對於兒童飲食教育的重視與用心，卻透過立法表達得清清楚楚。讓孩子學會二十道料理並不難，臺灣小學生長達八週的暑假，只要每週跟媽媽學做一道菜，暑假結束時，孩子已從容學會八道菜，只需三個暑假，就足夠孩子身懷二十四道菜的廚技了。

這週末我忙著和文化圈的朋友們，一起參與芒草心協會主辦「寒冬煮飯讓街友過尾牙」

的慈善活動。我和甫放寒假的孩子們討論何謂街友人權和我對菜單的規畫，之所以獻上五十人份的泡菜豬里肌辣炒蘿蔔糕，是因爲蘿蔔充分反映臺灣的冬令節氣，蘿蔔的營養成分被美譽爲庶民的人蔘，也是我家冬季最愛的百搭食材，而今年尾牙恰巧遭遇數十年來罕見的霸王級寒流，露天搭棚食用尾牙餐的溼風刺骨，如果用辣泡菜和豬里肌拌炒蘿蔔糕，既提供碳水化合物的熱量，且開胃、刺激食慾，又去寒。

這五十人份的炒菜可不是小工程，家裡所有鍋具通常是四到六人份容量，因此這大數量的炒蘿蔔糕我總共炒了七鍋才得以完成，且精準拿捏五十人份的泡菜、豬肉片、韭菜末和蘿蔔糕眞是全新的考驗，兩個小孩爲此在公斤、公克和預算間的數字來來回回細算好幾次，我說宴客的原則是寧可讓客人吃不完，絕不可讓客人吃不飽，但也要避免預算超支得太厲害，又不能造成食物的浪費。經此一役，孩子們語重心長地說，煮飯還眞的要有數學頭腦呀。

幾個媒體界朋友告訴我，這幾年坊間推出許多小小廚師營隊，雖然收費頗高，報名情況仍然熱絡搶手，有些半天課程即索價兩千塊錢，爸媽也趨之若鶩。可見大人捨得「投資」孩子的飲食教育，花一筆錢讓孩子假日戴上廚師帽穿上圍裙，跟隨著老師的示範動手揉麵團、切菜、操作烤箱，感受廚房工作的氛圍與樂趣。孩子本來就是喜歡動手做東西的生物，所以兒童職業體驗城引進臺灣以後，也始終熱門不衰。

但我認為讓孩子打游擊式地參加坊間小廚師營隊，對於幫助孩子發展飲食智能是有限的，只有從日常生活中落實各種飲食相關場域的參與，孩子才能逐步思考飲食與人生的關係，孩子若只是一年上幾次小廚師班而欠缺持續性地在菜市場和家裡廚房之間游動、工作，那麼參加坊間營隊所激發的小小做菜漣漪，終究會化為汪洋裡的泡沫。

◆

小學階段的孩子仍秉持對生活的好奇與熱情，是最能從父母與家庭學習生活相關的技術和知識，一旦空窗太久，升上國中以後，他十二年間所養成的飲食品味就很難遽改。而青少年放學後自己購買高熱量、高糖飲料和油炸物來果腹解飢是黃昏街頭常見的景象，這不是我們大人樂見的，畢竟青少年是身體發育的最後黃金階段，如果我們希望孩子在這時期長得健壯而不肥胖，那小學階段所養成的飲食態度，就具關鍵性的影響。

我總是不厭其煩、一再鼓勵大家養成帶孩子到住家附近菜市場走走的習慣，那一方生猛之處蘊藏許多迷人的小故事，孩子的雪亮眼睛往往會看見大人注意不到的細節，我唯一做的，就是吆喝家裡的小學生陪我去買菜而已。

有一次爲了慰勞寒假一早就起床和我上菜市場的孩子，我帶他去品嘗一家遠近馳名的老魷魚羹麵攤。這小攤子的不鏽鋼檯永遠刷洗得潔亮，抹布和碗筷也洗得乾乾淨淨，所有的肉羹、魷魚羹都是老闆當天手工鮮做，是我心中合格安心的外食攤位。我們點好菜、坐定下來不久，走進一對小男孩，偏瘦的弟弟約小學低年級，哥哥則看似中年級，他們各自點了一碗肉羹麵和燙青菜，這情景引起我和孩子的好奇，因爲一般小男生不太會點燙青菜這類食物，顯然他們不挑食或頗具營養的概念。

肉羹麵送上來時，我和孩子聽到小弟弟轉過頭去對哥哥輕聲說：「我們東西一定要吃完喔，一點點屑屑都不能剩，媽媽賺錢很辛苦。」小哥哥聽了點頭回答：「嗯，快過年了，媽媽終於要放假，我們快要可以吃到媽媽煮的午餐了。」

在這熙攘局促的市場小攤裡，驀地聽到兩個小男孩眞情流露的對話，我和孩子大爲感動。盼望吃到媽媽煮的飯，這是世上最眞情的孩子願望了，推測他們或許是父母外出工作的雙薪家庭，所以放寒假也要自行外出覓食，雖然年紀不到十歲，但不僅穿戴乾淨，也懂得挑選新鮮的正餐攤位，而不是採買油炸速食或垃圾飲料來滿足口腹之欲，小兄弟還彼此提醒不能浪費一丁點食物，要珍惜媽媽賺錢不易，並期待農曆年趕快來，就可以享受媽媽的手藝了。

這一席純摯的話語，透露兩樣訊息：

一：顯然這兩個孩子家有成功的飲食教育，他們已有能力面對外食的難題，做出和大多數小學生傾向流連便利超商和速食店不一樣的選擇。來自父母的叮嚀與引導，一定有助於提升孩子照顧自己飲食需求的能力。

二：孩子無不喜歡媽媽做飯的味道，他們能體恤父母上班辛苦，卻仍暗暗期待媽媽放假時做一頓家常便飯，全家一起圍坐桌前、談天說地。餐桌共聚所凝集的溫暖情感，深深牽引孩子稚嫩的心靈。

走出菜市場時，我對雙手幫忙拎著虱目魚皮、大白菜、豆干、文蛤、草莓、蘿蔔、南瓜、蓮霧等菜蔬的孩子說，除夕夜你想不想跟媽媽學做一道菜呢？不論什麼菜，媽媽都可以教你喔，一旦學會做些菜，你就擁有照顧自己、也照顧別人的能力了。而且，煮飯真的很有趣，看到別人把你煮的東西吃光光，你會很有成就感喔！

孩子馬上點點頭說，我喜歡吃《總鋪師》裡憨人師的白菜滷，那你教我煮白菜滷好不好？裡面有蛋酥、蝦米、魚皮、香菇、大白菜，又軟又甜又嫩，超級好吃！

孩子這菜單提得好，白菜滷的大白菜是年節討喜食材，清甜不敗，既家常又顏色潤澤，所有的滷物共聚一鍋滋味濃郁，技術上並不困難，很適合小學生操作。而且從剝葉、洗菜、切菜，到熱油鍋、爆香蝦乾和香菇、熬煮魚皮白菜到入味軟嫩，全程約需一兩個小時，能夠培養孩子的專注力、耐性、執行力和細膩度，最重要的，能讓他享受實作生活的趣味與自我完成的欣喜。讓孩子躍升爲家裡年夜飯烹飪的主力小幫手，比起去外面參加小廚師營隊更扎實更有意義又不花錢，是深度有料的飲食教育。

寒假苦短，沒幫孩子報上坊間熱門營隊也不需遺憾，不如定下目標讓孩子有三次以上機會穿梭於菜市場和家裡廚房，彷彿是柏克萊加州大學食物系統的小小先修班，孩子將受益無窮，從食物的甘美，炊火的拿捏，步向生活的實境。

推薦一個可以獲得飲食資訊的好管道：

上下游新聞市集　http://www.newsmarket.com.tw/

推薦繪本：

《希望牧場》

文／森繪都

圖／吉田尚令

小魯文化（2016）

▶這是一本關於日本福島核災警戒區內一座小牧場的故事。有位養牛人他決定不管發生什麼事，都要繼續守著留下的牛隻，飼養這些不能販售、食用的牛到底有沒有意義？這是個值得孩子思考的哲學問題。食物，從來不僅是食物而已。

該不該幫孩子背書包

朋友語帶抱怨告訴我，今天在高三生孩子的家代 Line 群組裡，好些父母因為意見不同而吵起來。吵什麼呢？主要的爭執是，再過兩個禮拜就要登場的大學學測，有七成的孩子在本校應試，剩下三成的孩子則被大考中心編派到另一所高中去，部分父母於是焦慮自己的孩子將因此而失去主場優勢，影響孩子的考試表現，故極力要求學校應出面去跟大考中心爭取絕對公平的應試場地安排。兩派不同看法的父母在群組裡吵了整整兩天、劈哩啪啦不間斷的幾百則訊息，流露出大考在即父母內心的壓力。

這是一所升學率極高的中部明星高中，我的朋友攤手說，這些焦慮的父母也太不相信自己孩子的抗壓性和應試能力了，只是換個地方坐下來寫考卷，孩子就會表現不佳嗎？孩子真的那麼在意在哪裡應試嗎？再過十天就要大考，如此心不靜定的父母對孩子的實質影響是什麼？那些擔心十七歲孩子失去主場優勢而出面要求學校與大考中心談判的爸媽，會不會是媽寶製造機呢？

又有一次在樂團指揮老師的臉書上，我看到他語重心長寫文章呼籲爸爸媽媽不該再幫孩子背樂器。孩子上國中以後，有些孩子的身形發育甚至比父母還高大健壯，這些學音樂、進樂團的孩子，多數家有餘裕、生活無虞、日常生活堪稱無憂，卻經常見到有些父母以自己微駝的身影，幫兒女背提沉重的大提琴或其他樂器。指揮老師見此積習大感不以爲然，他說今年暑假的東京青少年音樂會交流，看到所有參與活動的東京青少年都自己背負、照顧樂器，不見任何父母出手幫孩子打理重物，一如東京小學生，每天上學當然是自己背書包、提便當袋。

愛的重量和媽寶的形成，往往糾纏在一起，我們很難把它切割得乾脆俐落，我也常追問自己是否在無意中照顧孩子太過、不敢放手，以至於讓孩子成爲世人口中帶有貶意的小媽寶。

世界各國因爲家庭文化差異而對「媽寶」產生不同的定義，如西方多數國家孩子，成年後即搬離家裡展開獨立生活，若成年人還與父母同住，就被視爲長不大的大人，也就是我們所謂的「媽寶」。但亞洲國家的家庭文化則傾向肯定全家同住的精神價值，許多人仍認爲即使孩子已結婚生子，與父母同住也無不可，若是三代同堂，也經常被老人家譽爲圓滿美事一樁，可見媽寶的定義放諸四海無一定標準，但有個不爭的事實是，任何媽寶的形成，係來自於過度寵愛孩子、不捨放手的父母。得先有寶媽，才會有媽寶。

最近與孩子聊天時得知，他每天清晨上學搭公車時，會遇到一位和他相同年齡的國中生，他的書包和便當袋永遠是由他母親背著，尤有甚者，他母親還尾隨在後上車，負責幫他的孩子刷悠遊卡，那男孩也並不都是兩手空空，他總是低頭專心滑玩他的手機，無視於母親背負重物上公車時重心穩或不穩，或是滿車乘客對他的觀感。

像這樣義無反顧、幫孩子背書包便當袋的父母，在街頭或校園屢見不鮮，但孩子連上公車刷悠遊卡的動作都由媽媽代勞，把生活細事毫無責任感地全丟給母親，還不具交通安全意識一路低頭玩手機，對於路人的側目想來也無感冷漠，這畫面讓我的孩子感觸極深，他說這媽媽每天這樣溺愛孩子眞是不可思議呀，這種人在學校一定交不到什麼好朋友，因爲他連刷悠遊卡都懶得刷，那他還願意爲大家奉獻或付出些什麼？跟他活動同組應該滿衰的吧。

我偶爾會視情況幫孩子提點東西，如每週五是學校樂團的團練日，孩子得背個大書包、一把中提琴和便當袋才能擠公車上學，雙肩和雙手的負荷都很重，上公車以後，還得將書包、樂器、便當袋都卸下來，固定安置在車架上了（木製樂器昂貴又怕摔，孩子知道一定得顧好），再從口袋掏出悠遊卡走到前座去刷卡，他說他最怕的，就是遇到愛踩緊急煞車的駕駛。萬一下雨，連撐傘的手都擠不出來呢。

因此，我會在清晨時陪孩子走一段路去搭車，幫他背十分鐘的中提琴，讓他發育中的骨骼有個喘息不受壓迫的機會，但公車來了以後，他要如何讓自己背一堆重物還能穩定地站上公車，這就是他的生活磨練了。雖然目送瘦小孩子大包小包的背影，我的心難免不捨糾結，但我得相信孩子被激發出來的能力，生活本來就是考驗，我不能讓孩子永遠在舒適圈裡泅泳而踏不出去。

若想爲就讀小學的孩子背書包也是有方法的。七、八歲孩子骨架還很脆弱，大書包再加上水壺、便當盒、美勞用品等什物，對於搭乘公車或走路上下學的孩子，確實有礙脊椎健康也有交通的風險，但我不想養成孩子兩手空空、理所當然的習慣，因此，我跟孩子說，哇今天你的東西又多又重，來來來，媽媽幫你提一些吧，書包我幫你背一段路，但是雨傘和便當袋你自己拿喔。

等到孩子升上中年級身體更強壯些了，就換成書包由他自己背，我則偶爾幫忙提用品袋或撐傘，由於我一直是在幫忙的角度，孩子就不忘記跟我說謝謝。不論是背書包或拿樂器，我的角色永遠是「幫忙」，絕不讓孩子養成一走出校門就順手把身上所有東西都交給我的習慣，有些孩子就是如此對待前來接送的外傭。我在乎孩子獨立自主的生活能力與負責態度，我不斷思考在疼愛孩子與磨練孩子之間的平衡點，不想孩子失去雙手勞動的存在感，日後承受媽寶的笑名與調侃。

爲孩子背書包是小事，但如果讓孩子視之爲理所當然、不懂得感恩言謝，那就值得拿出來好好探討了。

香港中文大學副教授林夏如在媒體受訪時提到，他曾來臺灣面試一群成績優異、想申請到香港讀大學的高三學生，不料面試當天竟有些爸爸媽媽陪同孩子一起前來，更讓他震驚的是，學生自我介紹時，有些爸爸媽媽還當場出聲指導孩子該如何回答才對，遇到這情況，有些高中生就選擇噤聲不語了。面試官林夏如說，這些年輕人不是沒有能力表達，只是當他無法控制焦慮又不願放手的父母時，只能消極以對。

我把這份報導剪下來提醒自己，不敢讓孩子犯錯，怕孩子冒險，低估孩子的能耐，不能同理孩子大膽想飛的心情，亦步亦趨跟著孩子自以爲這就是愛，對孩子來說，那都是負擔與壓力。所以別小看幫孩子背書包這件事，或許那已反映出該放手時我們是不是眞懂得放手的父母。

大人的身教細微處

最近我在閱讀無國界醫生組織的刊物《無疆》時，看到有位媽媽為了具體支持這一個從事人道救援的非政府組織，並讓他的孩子和五十個家庭朋友們也都能夠開始認識這致力於協助貧窮戰亂國家抵抗疾病的國際救援計畫，因此這對夫妻為孿生兄弟辦了一場別具意義的慶生會。他們招待大小朋友一起為孩子歡聚慶生，熱鬧依然不變，但懇請這五十位親友將買生日禮物的金錢轉捐給無國界醫生組織，他們也事先讓雙胞胎孩子觀看無國界醫生組織的網站和救援工作片段，讓小男孩知道為什麼今年不會收到長輩出席慶生會所準備的生日禮物，因為這世上還有許多貧窮國家孩子欠缺基本食糧，飽受戰爭威脅，失去親人，沒有錢接受基礎教育，傷病住在帳篷醫院，受困於無力負擔疫苗費用的生存艱難。

策畫一個這樣的募款慶生會並不容易，這位媽媽卻以實際行動來感染身邊的親友和孩子們，使我印象非常深刻。我不得不推崇這位母親的身教，懂得道理的人很多，但有行動力實踐道理的人卻相對的少，這位媽媽正體現了分享、捐獻的高貴給他的兩個孩子，在歡慶生日時刻籌畫這活動，順從他自己對慈善的內心，這位媽媽很了不起。

身教的重要，來自於我們大人願意不斷地內省，否則很容易失信於孩子，或是做出讓孩子疑惑的行為。前幾天我帶孩子到好友家作客，雖然我和這位老友一年至多只見一兩次面，兩人也沒有用臉書等社群軟體聊天的習慣，但孩子們從小就知道這老友是我所擁有的少數友誼裡的一段芬芳，我常跟孩子說雖然我和喬阿姨很少碰面或講電話，但那完全不減我們心中對這份友情的牽繫與眞摯。

喬也育有兩個就讀國中的孩子，二十年來他專職管理一家規模中型的幼兒園，對於學齡前兒童的教育相關議題，自有他長年累積的現場經驗。他和我聊到幼兒園老師在工作時，經常在午休時訂購手搖杯飲料到教室解渴或解癮，礙於員工的飲食自由權利，他不便直接禁止保育老師不得飲用手搖杯飲料，但他還是下令規定所有訂購手搖杯飲料的老師，必須將飲料倒入個人的杯具裡，並把塑膠杯妥善回收掉，不可大剌剌地讓幼兒園小朋友看見老師每天飲用坊間的各式手搖杯。

這是我第一次聽到老闆不同意員工公開喝手搖杯飲料，我問喬，何以如此介意孩子看到老師喝手搖杯呢？

喬很嚴肅地回答，你不覺得手搖杯飲料如此風行，年輕人幾乎每天人手一杯，是件很嚴重的事嗎？兒童是社會未來的支柱，兒童的健康關係國家未來的發展，大家都知道手搖杯飲料可能有反式脂肪、茶葉經常被驗出農藥殘留、蜂蜜被驗出含四環黴素、爲了降低成本可能使用來源不好的糖、每一杯飲料幾乎含有十幾顆以上的方糖，熱量和糖分太高會影響孩子的牙齒和情緒發展、也造成孩子的肥胖問題、並影響孩子一生的飲食習慣又妨礙他正餐的攝取……別小看一杯手搖飲料好像沒什麼，其實大人心知肚明手搖杯飲料的壞處，只是甜飲讓人上癮，使人難以克制對它的依賴。

而孩子若從小就經常看見老師、爸爸媽媽等身邊大人，習慣性地買一杯手搖飲料放在餐桌、書桌、辦公桌上隨時啜飲，這不正是身教的引誘？大人不正是以實際行動默默告訴孩子，手搖飲料在日常生活裡的必要性、正當性或難以抵抗性？那往後我們要用什麼立場去教導孩子遠離反式脂肪、避免精緻飲食、正視高糖高熱量對肥胖的影響呢？

沒想到日常生活裡處處可見的手搖杯飲料，讓我的幼兒園所長老友如此語重心長。他說他管不到孩子的父母在他們家裡是否購買手搖杯飲料讓幼兒看到，但至少他可以規定他的老師員工們，將手搖飲料倒在個人杯具內飲用，避免誤導幼兒園小朋友受手搖杯飲料誘惑。喬堅持所有對幼兒身心發展有害的東西，大人都應該以最謹愼的態度來處理，因爲孩子的眼睛天眞又雪亮，他們會默默從大人的動作去學習、吸收。

聽了喬這席話，我不能不爲他的教育良心折服，我也相信在他轄區內的員工和小朋友是幸福的，因爲他在這細微處的要求，既合乎人性的管理，也間接提醒員工健康的重要性，同時也是兒童生活教育的一記警醒。

根據國內新聞報導統計，臺灣全年手搖杯飲料市場規模大約達新臺幣三百六十億，國人平均每天消費近一億元的手搖飲料，一天喝掉一億元的手搖杯飲料哪！金額之高眞令人咋舌！對三、四十歲的父母來說，或許是從二十歲以後才開始經常性消費這類不健康飲料，那時身體發育畢竟已經完成了，飲食習慣的自制力也較小朋友高，因此對身體的傷害較小。但這類精緻、高熱量飲料對於發育中的學齡期前後兒童，是一種慢性、不會發出聲音的健康危害，所以，不良飲食習慣是我們大人在爲孩子示範身教時，最應該自我約束的細微處。

我的兩個孩子上了小學、國中以後，也經常在教師辦公室看到桌上有團訂的各種手搖杯飲料，幸好他們已了解這類飲料花費高、易造成肥胖、對身體有負面影響，因此只是莞爾一笑，心裡想，哇老師喝不好的東西。

我們並非有意帶給孩子不好的示範，但是，當我們成為孩子生活裡一個很重要的學習對象時，我們便不能不注意我們的日常舉止是孩子的一面鏡子。當我們拿起一杯飲品，那是便宜止渴的白開水，或是含人工香料調味和反式脂肪的手搖杯？當我們習慣一邊吃飯一邊滑手機，當我們流連於社群網路而大量減少深度閱讀的時間，當我們不介意在光線不好的車內或室內滑手機，當我們大人自己沒有規律的作息，當我們背地裡以不好的言詞任性批評老闆或同事，當我們經常不能理智的消費……在許多的生活細節處，孩子都在偷偷地看。

身教重於言教，Example is better than precept，孩子會複製我的行為，我沒有一天不這麼提醒自己。

收心操這回事

寒假是個獨特的假期，是一種高度濃縮的甜蜜蜜，因爲多數父母親可放八天左右的農曆年長假，這可能是一整年之間家人擁有的最長相聚時間了。過年的最重要象徵就是吃喝團圓，孩子隨父母返鄉去感受三代同堂的傳統氛圍，家族聚會的熱鬧活動源源不絕，派紅包、穿新衣、放鞭炮、吃豐盛的年夜飯、看賀歲電影、逛百貨公司、郊外踏青、去博物館看展覽、打電動、和其他小朋友一起玩遊戲……無一不讓寒假成爲小學生活最受歡迎又最稍縱即逝的快樂天。

閱讀和運動是我的兩個孩子最喜歡從事的寒假活動，運動以打籃球、羽毛球和跳繩最爲方便有趣，籃球框在住家附近的公園和校園就有，羽毛球及跳繩則在住家門口巷子內就可開打開跳，孩子想要增高不增胖，務必好好把握寒假一個月。而課外書的選擇和冊數，我通常交由孩子自己來決定（只要不是十八禁就好），不論是漫畫、小說、繪本、生活雜貨、食譜或散文書，我很少介入干涉，唯一的請求，就是假期內陪媽咪共讀一本書就好。

例如我們曾經連續在兩年的寒假，一起閱讀瑞典漢學家林西莉的名著《漢字的故事》。這是一本深入淺出，小學生到成人都咸宜的漢字研究書，書中收錄三〇四個最貼近生活的基礎象形字，很難想像有歐洲學者對於我們每天日常使用的漢字研究如此之深，林西莉以八年時間成就此書，他親自到中國偏遠鄉鎮考據歷史文物，千里跋涉拍攝各地方的民俗生活，他把古老的甲骨文和金文以大量的生動立體圖說，帶領讀者進入漢字源遠流長的世界，這真是一本恢弘難得的文字書。

正在讀小學的孩子每天都在積累漢字新學習，這一代的隱憂是會打字卻不會寫字，這本《漢字的故事》無疑為寫字的人開啓一扇大窗，例如「魚」這個象形字，林西莉跑到中國第一座史前遺址博物館——半坡博物館去考究古陶器上的魚，他追蹤甲骨文和金文時代的魚字演變，他又與讀者聊了買魚放生、養金魚乃至鯉躍龍門等民俗故事，光是「魚」這個常見字，他就將「魚」在中國民間的歷史流轉，說得精采萬分、逸趣橫生，藉由這本《漢字的故事》，「魚」字不再平淡疏漠，已足夠我和孩子們探索好幾天。

沒想到數年前與孩子們共讀的這本寒假書，竟成為今年大學學測的國文科考題出處之一，當我在報紙上看到考題畫出「果」和「采」這兩個古老文字的造字方式，立刻想起此二字分別是象形和會意的演變，尤其「采」的古老文字當年更令我的兩個孩子記憶深刻，古人想出樹上有一隻手伸向果實的圖象來造「采」字，這已不僅是歷史典故，也是受後人崇敬的藝術創造了。

但我沒把讀課外書和完成寒假作業當作是度假主軸，我心中最好玩最理想的寒假，是成績單不論好壞看了就忘，寒假作業就算遲交兩天也可原諒（但得自己去跟老師說理由），我喜歡看孩子們在假期放鬆、放空的樣子，鼓勵他們盡情玩，盡情用雙手雙腳去探索。人一生不過只六個小學寒假，過一個就少一個，寒假就是要拿來沒有大作為，就是要讓兒童甜蜜蜜、樂滋滋、流汗大笑的。

因此，哪怕已開學一週，孩子們的心常常仍未收攏回來我也不焦慮。當許多家庭在假期尾巴做收心操時，我卻更積極鼓勵孩子抓住假期的尾巴，放鬆玩樂到最後一刻為止。我擔不擔心孩子的心境未能切換到規律的上課學習模式呢？我認為孩子的心沒有收不回來的，差別是三天或一個禮拜而已。我不急不躁進，就像春天的櫻花分批慢慢開，孩子也逐日收心就好，只要開學以後的家庭生活步調，我能夠穩定維持航行的路徑和節奏，孩子是一隻彈性很大的生物，當爸媽心有定見、腳步踏實，通常經過一兩個禮拜，孩子也不難回歸校園生活的規律。人生那麼長，寒假那麼短，我何苦當一個急躁、害怕輸在起跑點的媽媽。

善用方法可讓孩子的心在長假玩樂過後逐漸沉澱，恢復上學的軌道。

例如：

- 當孩子睡前或起床時，在客廳和臥室播放熟悉的古典音樂樂曲。
- 養成在家邊聽音樂邊吃早餐，再出發去學校的習慣。
- 若是開車接送孩子上下學，我們會挑選播放古典音樂的電臺。

科學家經常發表聆聽古典樂對大腦影響的研究，二〇一五年芬蘭赫爾辛基大學調查發現，常聽古典音樂可促進大腦多巴胺的分泌及學習記憶的基因活動，我雖然不識五線譜，但這幾年嘗試陪伴孩子一起聆賞蕭邦、巴哈、德布西、布拉姆斯、舒伯特等各種形式的樂曲，反覆觀看無數次他們超愛的日劇《交響情人夢》，深深感受到古典音樂帶給人心的沉靜力量，太受人們忽視了。好可惜。

◆

收心能夠幫助孩子專注學習國語課本的新生字、英文新單字和數學課本裡的新算式，使孩子願意與學校同儕團隊合作，共享豐富的學習環境。收心強調心的收攏，躁動即難收，靜定則收回，就像去年學測的作文題目「獨享」，那些在考場緊張氛圍下，仍能自如揮灑生活的獨享滋味而寫成一篇美文的應試高中生，想來在他漫漫成長過程裡，曾有著豐富的獨處經驗與回憶，曾經在獨自手作些什麼的日子裡，感悟出個人的哲思，然後，在多年後的某一天考場上，寫成一篇打動人心的文章。

閱卷老師在媒體援舉幾篇考生的美文爲例。有考生抒發他的獨自下廚經驗，從挑選食材、切菜的聲音、火候的大小變化乃至成品的色香味展現，這大孩子的抒情與論述有條有理、不疾不徐又營造出生動的畫面，其文字收放自如，讓人讀到手作和獨處所帶給他的滿足與信心。若孩子從小到大不曾體會「獨享」中的「獨」，很少有機會沉浸於安靜、沉澱的生活氣息，一旦面對這類作文題目，恐怕在幾十分鐘的考試壓力下，很難寫出深刻、動人的文章。

因此，靜，不只是大人的修行而已，靜，讓孩子的心靜下來，讓孩子暫離虛擬、喧嘩的世界，引導他們專注在生活本身，孩子方可進入到秩序與紀律。收心操不是為了讓孩子感到無聊、枯燥、強迫，正確的收心操，應該讓孩子的內心循著穩健的步伐，安心邁出每一步，即使獨處，他也能找到獨處的方向與價值。

除了聽古典音樂，當孩子的心浮躁時，我也會帶孩子去造訪住家不遠的山區步道。臺灣不僅以百岳聞名亞洲，更有連綿不絕的中低海拔群山環繞諸多縣市，即連繁華臺北，都有捷運可達都會生態公園或低山步徑，爬山實在是件輕鬆、方便的戶外活動。山林間的綠樹、清風、蟲鳴、鳥叫、石道，可讓孩子遠離電玩、電視的聲光刺激，增加他們對大自然的情感，以健康方式消耗孩子的體力，幫助他們胃口大開、心胸開闊、早早就寢、睡眠品質良好。開學的第一個月若能陪小朋友走兩次山區步道，大大有助孩子的心不毛躁。

鼓勵孩子幫忙做家事也是我的收心操法寶。我會依照孩子的年齡與肌肉發展，安排家事請他們協助，再額外發放他們喜歡的獎勵如購買小說、繪本或文具禮券。家事的負荷不宜過輕，過輕不足以讓他們感受勞力的過程，也不宜過重，過重則使得孩子失去成就感。通常以一個小時的工作量爲主，如擦地板、晒摺衣服、刷洗球鞋、陪媽媽在廚房見習煮一頓飯，或是一起逛市場買菜。家事功用大，能夠讓孩子體會他在家庭的重要位置，感受自己是個能勞動、有用的人，孩子的心就能夠澱靜下來。

安靜不是空虛寂寞，是雲捲雲舒的無痕狀態，像太極一樣是股看不見的力量。寒暑假過後迎接新學期的孩子，「心靜」是門親子共修的功課，我也曾讓孩子面對匆忙催促、慌張緊盯的我，是透過不斷地自我練習，讓自己先成爲一個靜定的母親，才順利引導孩子收心學習，定心生活。現代人的家庭生活熱鬧有餘、悠靜不足，爸爸媽媽要負起最大的責任，所謂收心，是從大人開始的。

適合親子共享的假期讀物：

《漢字的故事》
文／林西莉
貓頭鷹（2006）

▶這是瑞典知名漢學家林西莉的著作，她利用近代考古學的新發現，解構三〇四個漢字的形、音、義起源。「漢字為什麼是這個樣子？」這不僅是林西莉的疑問，也是許多小學生的疑問。我們天天用漢字，這是一本值得珍藏的說文解字。

提筆寫信的珍貴

今天早上起床，發現這一波幾十年來全國罕見的霸王寒流，威力逼人強大，盆子裡那兩株原本欣健勃勃的番茄苗，葉緣竟逐漸捲萎乾凋，經驗告訴我情況不樂觀，此脆弱一年生草本植物很可能敵不過這次寒害。我不禁想起孩子看到新聞報導臺北山區銀雪世界時，脫口而出從課本上默背而來的詩句：「霧凇沆碭，天與雲，與山、與水，上下一白……」這氣候的異常急遽變化，使我憶起二十年前因天寒而數度中風的已逝父親，深夜思父的情懷輾轉難眠，我決定起床寫信跟孩子聊聊，聊什麼都無所謂，只要暫時脫離慣用的 Line 就好。

自從有了 Line 以後，親筆寫紙條或寫信給誰的機會或意念，就越來越稀微了，但我希望多年以後我孩子的百寶盒裡，躺著厚厚一疊我寫給他的已泛黃書簡，他會用一條橡皮筋端端整整地把這些信束好，永遠珍放在抽屜的一個小角落。

世界快速地轉動，我但願養育孩子的方式，保留古典。

寫信之前並不確定自己將寫得多遠，只有當我開始提筆，那內涵才會逐漸浮現。後來我在這封信裡和孩子聊聊科學月刊最新刊登的一篇研究報導，是關於壁虎何以能夠輕鬆飛簷走壁，而人類想要如電影蜘蛛人般吸附於牆面躍走，卻終究不可能的發現。孩子們從小就認爲具備斷尾求生能力的壁虎好可愛，他們會悄悄觀察家裡天花板上偶爾出現的壁虎身姿，愛屋及烏，對於爬行動物的喜歡，促使他們也會翻讀在加拉巴哥群島上吃海藻維生的海鬣蜥的報導。海鬣蜥能以強壯的尾巴在海裡游泳，平時躺在岸上懶懶地晒太陽，是這座太平洋火山群島上赫赫有名的特有生物，對好奇心旺盛的孩子而言，蜥蜴竟然能在大海裡游泳，宛如科幻片情節。

而加拉巴哥群島上可說給孩子聽的故事可不只是蜥蜴喔。達爾文在一百多年前搭乘小獵犬號航行五年，從英國出發，橫跨大西洋到南美洲。一八三五年他抵達貧脊荒熱的加拉巴哥群島，經過五個星期的跋涉探險，這位年僅二十六歲的科學家發現群島間的生物長得都不一樣，雖然每座火山小島的高度、氣候、地質是相似的，但各島卻生活著乍看之下外形似乎相似，但細節處卻又有明顯變化的生物。這五年的跨洲航行，五週的火山島田野調查，讓原本計畫擔任神職的達爾文，意外醞釀出抵觸聖經創世思想的演化論，影響後世深遠。

我的兩個孩子還喜歡烏龜，正巧他們的校園池塘裡也養有幾隻龜。有一次我告訴他們日本小說家吉本芭娜娜也在家裡養了兩隻烏龜，烏龜聰明得很，芭娜娜說這兩隻烏龜想吃東西時，會爬到廚房的冰箱旁邊等待人類開冰箱門拿食物，其敏慧和龜兔賽跑裡的烏龜形象大異其趣。話題一聊到烏龜，不免想起加拉巴哥群島上有一隻馳名於世的象龜，世人為它取了個感傷的名字，叫做寂寞喬治（Lonesome George），牠是「平塔島象龜」中已知的最後一隻個體，人類在一九七一年發現它時，推估牠是世上最後一隻僅存的平塔島象龜。喬治獨自在島上過了數十年沒有後代也沒有任何同伴的生活，最後在二〇一二年過世，享壽約一百歲。這隻身長約一點五公尺的爬蟲類的離世，不僅象徵一個生命的消逝，也象徵一個物種在這地球上永遠的熄燈號，人們在關注寂寞喬治的同時，也同步思考動物保育的重要性。

加拉巴哥群島就是有這麼多精采、引人深思的故事，我認為每一個孩子，都值得被告訴加拉巴哥群島上種種的奇幻與豐富。

寫完這封從壁虎、蜘蛛人一路聊到寂寞喬治的信，天也亮了，我找了一個與信封顏色協調搭配的紙膠帶黏住封口，然後放入孩子的便當袋。早上起床看見媽媽親筆寫了信在便當袋裡，孩子無不面露驚喜。這世上誰不喜歡收到心愛的人的來信呢？

◆

記得讀小學時，老師曾花好幾堂課時間教導我們與寫信相關的種種細節，寫信可不是件普通無奇的事，如何寫對一封信，可是藏著許多學問和禮儀。從中西式信封的直式橫式書寫差異，到印刷品、平信、掛號、限時專送的界定標準與郵資差異，乃至書信內文的稱謂、分段、敬語、祝福、落款等諸多規矩，老師都一樣一樣地說明，務求讓當時十歲左右的我們能夠理解寫信的有所本。例如中式信封左邊填寄信人，西式信封則將寄信人放在左上角，文末不可忘記署名和日期……等等，這些細節若沒有具體書寫過幾回，還眞是背不下來，也讓我了解寫信不可不愼重其事。

如今隨著數位網路的興起，從小就習慣用鍵盤滑鼠搜尋資訊的這一代孩子，提筆寫信給親人和朋友的機會少之又少，好幾次我從郵差手中領取掛號信件時，郵差總是無限感嘆地說，以前每天要送電報、送異鄉人寫給家人的信，把全國南來北往的郵件投到家家戶戶的信箱裡，那時航空書信也不少呢，還有很多離島阿兵哥與本島戀人的魚雁往返，每一封信都串聯起遊子離情和家人思念的連結，只要那衆人熟悉的郵差腳踏車聲音逐漸接近，大人小孩紛紛從家裡探出頭，有些心急的甚至就站在家門口等候，期盼郵差捎來寫有自己名字的一封信。

可這年頭誰還惦記著寫信給誰呢？郵差先生說他現在每天遞送的，百分之九十是量販店的促銷DM、銀行信用卡帳單、百貨公司週年慶目錄，或稅單、停車費繳款單等等，手寫書信的郵件早已凋零，而往昔人們重視的聖誕節、生日或拜年卡片，也因爲電子化，更爲少見了。雖說這是時代的演繹，人們敲敲鍵盤、刷刷手機就可以送出問候，年輕人不復熟悉伏案寫信的情意，也不太能體會信箱裡躺著一封手寫信所帶來的溫暖和驚喜，但既然我們熱愛所謂「手工製造」「限量生產」的東西，何嘗不意味著親筆寫信所透出來的誠摯，是獨具的，永遠直達人心。

所以我提醒自己有空時別忘了親手寫封信給孩子們，哪怕是短短的便條也無妨。我也鼓勵孩子寫回信給我，媽媽正期待他們相回應的隻字片語。藉由寫信收信的互動，我們呈現（慢生活）的家庭氛圍，讓手寫信的「慢」與「手工」，取代了電腦打字的「快」與「制式」。

有時我也將出版社編輯寄給我的郵件和孩子們分享。有些編輯處理書信的方式非常細膩，除了將書籍仔細周全地包裹，不忘夾一張自己的名片在書頁裡，還會用電腦打一封制式的信，禮貌說明寄來這本書是爲分享閱讀的喜悅，更期待我有空時能幫忙推薦。還有些編輯更用心，許是具有高度的工作熱情與書信禮儀，年輕的他們擁有打動人心的寫信能力，我打開他們寄來的郵件，不僅附有贈書和名片，甚至還以原子筆、鋼筆或毛筆，端端整整地書寫一封禮貌與眞誠兼具的短箋，信裡侃侃而談編輯此書的理念，書的特色與名家評價，信末並不忘獻上季節的祝福。收到這種信，實在很難不感動。

我告訴孩子，俗話說見面三分情，當我收到如此細膩、有禮、用心的信件時，雖然並不眞的認識這位編輯，透過短短文字卻像是已碰觸到本人似的，所謂盛情難卻，這時只要他寄來的書有特色有意思，不論多忙，媽媽會盡量想辦法抽出時間幫這本書寫推薦，協助這位編輯的推廣工作能進行得更順利，因爲，我不能抵抗手寫信件的盛情。

◆

前陣子我和一位於外商銀行任職總經理的好友相聚，他也和我聊起一封信所帶來的正面效應。今年暑假，有十位來自不同大專院校的學生到他的銀行實習，兩個月的實習結束時，其中有位私校大學生逐一發電子信件給每位曾經指導過他的長官，他在信中表達這段實習期間他所獲得的磨練永遠難忘，誠摯感謝大家對他的包容與肯定，然後他表示日後若有任何需要，他很樂意隨時回來幫忙，這年輕人信末的敬語和落款都恰如其分，令每位收信者印象極好。

和其他實習生比起來，這位大學生並非來自最頂尖的大學，但這兩個月實習期間他所表現出來的開朗、大方、勤快、熱誠，乃至離去時不忘寄給大家一封得體誠懇的電子信，使整個公司團隊對他的好感度加倍，各相關部門主管都表態說歡迎這位大學生隔年畢業以後回來正式就職。這可是一家全球聞名、資產龐大、信譽良好的銀行，是許多商學院畢業生夢寐以求的就業單位，這位大學生即因實習過程的努力與敏捷，還沒畢業就成爲搶手人才，身爲總經理的好友告訴我，他在離開時所寫的這封感謝信，也是被考慮錄用的關鍵之一，他說，現在能寫信清楚表達思路的年輕人，實屬難得。

因此我們如何能輕忽寫信這件事呢？現今學校很難長時間去指導孩子正確寫一封信，若想要建立孩子的寫信習慣與能力，家庭才是最直接的起始。寫信是美好的，抒發是健康的，收信是快樂的，回信是交流的。這過程是慢的，是等待的，也是珍貴的。但願我們都不忘記收信曾經帶給我們的感動，將寫信的美好經驗傳承給我們的孩子，偶爾放棄 Line 或簡訊的速效吧，偶爾親筆寫信給孩子，讓他抽屜的角落裡能躺著一束來自父母的親手信，也別忘了鼓勵孩子學習書寫正確、得體、誠懇的信，書寫必然伴隨著思考，落筆的開始，即連生活的唏嗦，都發出了輕盈的呼吸。

第三章

多元資源，打開孩子的視野

用繪本和新聞，啓蒙孩子重要的事

日本繪畫作家片山健在當了爸爸以後，曾說過一段有意思的話：「小孩讓人感覺最棒的地方，就是重新確認自己身爲生物的一面，因爲孩子與其說是人，其實更接近生物。」片山健三言兩語就道出爲人父母的感悟，養育孩子像是一趟重返生物純眞狀態的旅程，還記得當我們看見小寶寶摸書撕書咬書啃書的萌樣，無一不樂得呵呵笑，天下哪個父母不希望孩子是小小愛書人呢？

然而這是個網路進擊童年的時代，這一輩孩子已被稱爲「滑世代」，電子產品成爲生活的主要休閒娛樂之一，閱讀習慣的培養遂成爲一條漫長的路，孩子面對紙本時還能感覺樂趣無窮、深陷其中嗎？紙本與網路共同競爭孩子的注意力，期望滑世代藉由大量閱讀來建立中文說聽讀寫的優美能力，越來越考驗父母的智慧了。

孩子讀幼兒園時，我和先生幾乎每天加班到晚上八、九點，才匆匆忙忙搭計程車趕回公婆家接走兩個望父母早歸的幼兒，那幾年別提「餵故事書長大的孩子」了，對於努力討生活的雙薪家庭來說，能在孩子九點半上床前，洗一個天倫澎澎澡、順利熄燈輕哼幾首催眠曲，就已是奢華夢幻的親子相聚。當時心中也焦慮於像我這樣沒有時間朗讀繪本給孩子聽的媽媽，是否虧欠了孩子？會不會造成孩子識字能力與想像力的落後？會不會錯過孩子閱讀習慣的培養？不論我有多愧疚，生活終究是現實的，我們必須雙薪才能充分支持養育兩個孩子的家庭運作，我只能勉勵自己，不必跟別人比較我的孩子是不是「餵故事書長大」，這只是徒然造成自己不合理的精神壓力，只要孩子白天在幼兒園有大量的繪本隨手可得，假日我們也不忘帶孩子去書店和圖書館買書借書，或許累積出來的閱讀數量和時間並不驚人，但閱讀行爲可以不需過度強調「量」，只要讓閱讀的「質」帶來舒服自在的享受，時間到了即可開出智識的花朵。

孩子上小學以後，我和先生的工作依舊忙碌，但我開始認眞思考如何善用小學六年時間來奠定孩子的閱讀習慣，因爲，小學不再像幼兒園那般有幼教老師定時陪伴朗讀，且小學生活多以上課、下課、交朋友爲主軸，閒書的閱讀頻率對他來說反而是很其次的了。

幸運的是，臺灣的童書出版業壯麗如海，走進書店和圖書館，適合小學生閱讀的各種中英文主題讀物成千上萬冊，從書架抽出任一本繪本，不僅可以和孩子聊幸福，聊最重要的東西是什麼，也可以和孩子聊人體、聊建築、聊園藝、聊土地、聊人權、聊兩性相處、聊城市觀察和動物保護，我一打開繪本，就可以啓蒙孩子太多太多重要的事。

這兩年到全國多處校園與老師父母一起交流閱讀的推廣經驗時，我經常舉馬拉拉爲例。這個當時很有機會拿下諾貝爾和平獎（二〇一四年十月瑞典終於公布馬拉拉和印度的凱拉西．薩塔亞提共同獲得此獎項）的巴基斯坦女孩是個很好的典範，我以她的故事來鼓勵那些詢問我在家裡如果不看電視、不玩平板就不知該和孩子聊些什麼的父母，我建議他們請下定決心，每天花三十分鐘和孩子聊一則重要的時事，大人放棄自己滑手機的三十分鐘給孩子，因爲孩子是我們心中最重要的那朵玫瑰。

爲什麼要每天和孩子聊一則新聞呢？因爲時事日日演繹、包羅萬象、變化奇異，所以，和孩子談時事既不愁話題來源又讓他感到捉摸不定而迭有驚喜。既然我每天在網路、報紙上讀了那麼多新聞，自有我的心得或感觸，何不試著運用孩子年紀所能理解的語彙，分享他一則有意思的時事，讓這互動成爲溫暖的親子回憶之一。

話題再回到馬拉拉這女孩，一般國小老師鎭日繁忙於班級經營與教學工作，很難有多餘時間帶領孩子們去深入探索馬拉拉獲得諾貝爾和平獎的背景故事，我卻可以在晚餐後或散步時，藉由三十分鐘的親子新聞對談，將巴基斯坦這國家的地理所在，將馬拉拉爲什麼要爭取受教權（巴基斯坦國內九歲以下未能受教育的孩童高達三百多萬名），將塔利班政權如何剝奪女童受教權的野蠻方式，將馬拉拉十四歲時在校車上遭塔利班當面槍擊，命危之後轉往英國發展的歷程，將這些驚險曲折的女童眞實經歷，與孩子時事對談，當他對這議題產生興趣，全家還可依此話題追溯到諾貝爾獎的歷史和其他獎項，讓孩子轉動家裡的地球儀，稍微了解巴基斯坦、斯德哥爾摩和倫敦，這看似不相干的遙遠三地，如何透過女孩馬拉拉，產生獨特的連結。

這則馬拉拉的獲獎新聞雖不是臺灣媒體的大熱門，透過我的分享，卻讓孩子大大打開眼睛，一口氣拓展了地理、歷史、公民意識和國際新聞等領域，也讓他看到眞實世界裡這小女孩勇敢追求正義的智慧和勇氣。我們總是鼓勵孩子除了火星文、玩樂文，也要寫些「有用的」東西，馬拉拉就是個很能讓小學生接受的例子，馬拉拉自十一歲（相當臺灣小學生五年級）起，即開始匿名在英國廣播公司（ＢＢＣ）的烏爾都語頻道撰寫部落格。這女孩透過文字和網路的力量，讓世人看到他和同學們在塔利班政權下的種種辛苦生活，當孩子開始認識到馬拉拉的生活，就不難感受原來網路書寫除了吃喝玩樂和扯淡，也有重量和力量相乘的可能性。

所以，每天分享給孩子一則新聞就好，讓這三十分鐘成為不讓孩子玩手機、慢火溫熱他智性和心性的時間。孩子是幼苗，我只能用真心的陪伴來灌溉。我害怕在孩子的童年記憶裡，只有一對老是忙著自己滑手機、又整天要求他去做功課去補習的父母。我有義務去思考，除了學校作業和成績，除了英語檢定，除了奧林匹克數學競賽，孩子還能透過家庭教育去深度探索些什麼。

◆

若父母忙於生計，沒有足夠時間陪孩子追索一則每天適合孩子閱聽的國內外新聞，也別灰心，還有個讓孩子與世界接軌的方式，可以透過長期閱讀具公民意識的經典繪本，一本又一本地慢慢累積，一年三十本，兩年就有六十本，四年即一百二十本，條件有限時，閱讀不求海量求品質，一樣可幫助孩子發展出追求知識的習慣。

依英國兒童文學研究學者幸佳慧在他的著作《用繪本跟孩子談重要的事》所提，我們可以讓孩子透過繪本世界，開始接觸以下六大主軸的公民議題，分別是「保護我們住的地方」「動物，是最好的朋友」「守護你的家園」「女生和男生到底有什麼不同」「爲什麼我們不一樣？」「什麼叫生而平等呢？」。

這六個看似嚴肅的主軸，是當代社會每一個人小公民都必須面對的功課，舉例來說，父母要如何跟小學生談居住正義的問題呢？不管目前家裡住的房子是租來的、繼承來的，或是夫妻白手起家掙錢買來的，如何讓孩子試著去關注土地與住家的議題，要擁有一間房子是多麼地不容易，而那些沒有家的人是因爲什麼樣的政策和人生，這些都是很有意義的親子對談，但一定有許多家長不知該從哪個角度切入才能讓孩子接受，幸佳慧在這本書裡即給家長實用的引導，他以他的專業和博識，推薦了《小房子》《The Lorax》《家園》《挖土機年年作響》等已出版幾十年的經典繪本，讓家長一次就可看到不同創作者對這類議題的呈現與挑戰。

針對以上所列六大主軸，幸佳慧都舉出書單和導引親子思考的線頭，他的建議，對於那些面對如汪洋大海的繪本卻不知從何下手的父母，實在是既有深度又有效率的指南。

百年來全球各地有許多繪本創作者書畫不輟，他們以其童真、溫暖、活潑、明亮的視覺圖像和文字，爲孩子傳達多元的理念，幸佳慧又將他對兒童文學的熱情與專業，戮力推廣給熱衷閱讀的臺灣父母，他在《用繪本跟孩子談重要的事》一書中，共推薦了閱讀難度不高，將近一百三十冊的國內外經典繪本，如此讀著、讀著，大人與孩子共同進入諸多想像的世界。例如自然的美好、生態發展的觀察與批判、人與動植物是生命的共同體，甚至開放性思考動物園的存在賣票營收是否剝奪了野生動物的生存權利。

例如《西雅圖酋長的智慧》這本書所遞放的土地之愛，或是根據委內瑞拉眞實故事所寫的繪本《街道是大家的》來探討生活遊戲空間受到擠壓的貧民區孩子的控訴，或是日本繪本創作者小林豊所寫《美麗的村子》三部曲關於中東戰亂下，阿富汗小村莊的小市民生活故事。還有美國作家伊芙邦庭創作《我想有個家》，讓小讀者有機會去感受街友於社會底層的無奈，並看向街友困境中仍努力生存且値得他人尊敬的光明面。

隨著幸佳慧對重量級繪本的精采導讀，父母消化過後，在家裡陪伴孩子走上閱讀的道路時，不僅知識含量高又可避免流於刻板說教，更讓我們滲入到圖畫背面的隱喻，看到繪本作家意欲直指的議題核心。時日一久，孩子必可感受繪本的韻味無窮，因爲，已事先做好功課的父母所講出來的繪本故事，既細膩又精采，既可愛又富有迂迴性，和那種隨手抓了繪本就讀，只要小孩有聽就算交差了事的粗糙過程，其興味是不同的。

◆

一個從小在心中就埋下關心公民運動的孩子，其心必然柔軟，其思考性必然多元，其價值觀必然是不扭曲的，其對父母的情意必然是豐厚的，其大腦增進的知識與常識也是跳脫於課本之外的，其對生命的熱愛也必然是順勢萌芽的。這也是爲什麼全世界有那麼多優秀的繪本創作大師，爲了孩子的心智與心地，爲了這世界的將來，不怠惰不放棄地創作出一本又一本歷久彌新，關於公民意識與生命追尋的繪本故事。

終究有一天我們得親手將孩子交付給這世界。當孩子長大闖蕩他方時，他所懷抱著的，是父母自幼傳承給他的視野與高度。透過幸佳慧這本《用繪本跟孩子談重要的事》，那些重要的事，肯定不是用手指頭滑滑螢幕就能得到的感動，一個獨立高飛的孩子，來自願意閱讀、具公民意識關懷的父母。

繪本和新聞讓我們用最自然最貼近的方式和孩子分享人生的道理，小學六年或許是孩子這輩子依偎在我們身邊聽書的最後階段，讓我們燃起孩子思想的火花，催發他人生喜愛閱讀的芽，讓孩子在這小學六年得到他熱愛閱讀、觀照自己、鑑往知來的養分。

好書推薦

《用繪本跟孩子談重要的事：能獨立思考的孩子，到哪裡都能過得好》
文／幸佳慧
如何出版（2014）

與孩子談錢用錢

人生而在世每天都得使用金錢，一個家庭或者一個個人的幸福指數，或多或少不能免除於金錢質量此參數。這幾年躍爲全球重要金融趨勢之一的「群眾募資平臺」（crowdfunding）也反映出當年輕人追求夢想時，若受困於資金的短缺而難以將創意施展面世，群眾募資平臺的出現，使他可公開提報他原生設計的策略與執行企畫，進而邀請社會大眾的了解與認可，甚至獲得陌生人的資金贊助，進而邁向創業夢想的實現之路。

當我和家裡兩個孩子解說去年美國與臺灣的群眾募資平臺發展概況時，他們除了爲募資平臺裡各種提案的多元與原創性感到好奇，並體認到金錢果然是重要的東西。家庭的日常餵養食糧需要金錢，求學受教育需要金錢，個人夢想的實踐需要金錢，大大小小的公益團體組織也需要金錢才能發揮運作，錢非萬能，但沒錢卻經常不能。除非我們隱居荒野部落，靠山吃山靠海吃海一切自給自足，或許可以擺脫金錢貨幣的流通使用，否則，有計畫性地讓孩子從小就逐漸接觸金錢議題，讓孩子學習金錢的使用過度和不及，我認爲是家庭教育極重要的一環，也是學校教育鞭長莫及的部分。還有誰比父母更適合更應當教導孩子正確的金錢觀？家庭教育若疏忽這一塊，則孩子對於金錢的態度，終究難逃被廠商如洪水猛獸般行銷攻勢綁架的厄運，到那時才想回頭挽救，恐怕孩子的人生已爲此付出太高的代價。

誠然「如何和孩子談錢」不是容易的事，許多大人自身的價値觀或金錢使用態度都不一定禁得起檢視，又怎能與孩子無誤、健康地談錢論錢，事實上，我自己也經歷過「揮霍」的階段，沒有人是天生會用錢的。金錢的來處與去處是人性欲望的試煉，二十年前，人們若需要消費，至少還得準備好現金、信用卡或提款卡，走出家門到實體店面與店員溝通對話，才能完成購物的流程。這中間有許多小環節可能會抑制掉購物的衝動，例如沒時間出門，掏出現金的心疼或壓力，或者實物沒有那麼吸引人等等。

但這一代千禧孩子卻面對人類有史以來最便利、最嚴峻考驗欲望的消費模式，歐洲多國發現年輕人有過度消費而導致負債變窮的趨勢，因爲這一代孩子不再需要出門或非得有信用卡才能購物，他們只需點進去網路逛逛，滑一下手機、手指輕輕一刷，就能在虛擬空間跨國界買到任何想要的物質。網路上精心設計、時尚巧麗的購物專頁，無聲勾引我們進行誘發性消費，我們已習於透過網路動手指把東西丟入購物車結帳、然後二十四小時內宅配到家或是超商取件，各廠商不斷端出最即時最便利的購物效率使我們的消費阻礙門檻降低再降低，他們唯恐我們購物流程多三秒鐘的不方便，即增加我們猶豫延遲下單的成交風險。這一代年輕人從小就面對無疆界自由靈活的購物誘惑，別的不說，臺灣便利超商即高達一萬多家，密度居全球之冠，對此地每個孩子而言，從小就生活在處處皆可消費的環境，這怎不是莫大苛刻的人性考驗？

所以我們該如何引導家裡的小學生認識購物與金錢的關係呢？欲望與需要的界線在哪裡？一個月該給孩子多少零用錢才不致寵壞他們或被他們嫌小氣？零用錢發放的尺度要如何拿捏鬆緊才精準呢？

我想，每個家庭該給孩子多少零用錢才合理是沒有標準答案的，每個家庭有它各自不同深度的財源收入和中長期財務規畫，有的家庭負債多、有的家庭資產多，每一對父母的日常消費習慣也大不相同，有人及時行樂、活在當下，有人勤儉儲蓄、規畫長遠。因此，每個孩子每天所看到的「消費典範」差異很大。有些家庭每天在外面買咖啡喝，視之為生活必需品，有些家庭則堅持自己煮茶水且外帶環保杯省錢又安心；有些家庭氣溫達三十度就一定開冷氣，有些家庭卻可能整個夏天再熱也只使用電扇來降溫；有些家庭購衣購鞋是全家人一起逛街隨興型購物，有些家庭卻堅持不是季末折扣出清就不能下手添購，甚至有些家庭以親朋好友所轉送的二手衣物為主也所在多有；有些家庭習慣以摩托車或大衆運輸工具出入，有些家庭則仰賴私有房車的便利性；有些家庭粗茶淡飯、吃飽不在吃巧，也有些家庭飲食豐美、捨得稀有精緻的食材。

每一個父母的決定，營造出各自的家庭消費風景，所以，我認為很難去參考別人給孩子的零用錢額度來揣摩自己孩子的需求，事實上孩子皆耳聰目明、眼睛雪亮，他們早已從多年來跟隨父母吃喝購物的默默觀察裡，祕而不宣地發展出一套屬於他自己的金錢觀。

◆

不論孩子是否固定時間從父母那裡領取固定額度的零用錢，我認為有件事對孩子的用錢習慣幫助很大，那就是要求孩子一定要「記帳」。記帳是件基礎工程，意味著記帳的人對金錢流向的重視與回顧，這是個長期才能建立的習慣，許多大人自己也不記帳，但每一家財務體質健全的公司行號，是不可能沒有一本清楚帳的。經由清清楚楚的帳本，我們可以審視金錢在我們手上的來路與去向，錢花光了至少要知道錢花到哪裡去，最怕的是一本糊塗帳，花錢全在不知不覺間，連事後的回顧都無所依，那就不難落入貧窮的惡循環。一個人如果沒有金錢管理能力，他很難擁有幸福。

因此我堅持孩子只要開始有零用錢，就得憑上月的記帳本才能領取下一次的零用錢。對金錢觀念還懵懵懂懂的小朋友而言，記帳能有效提醒他重視金錢的去向，幫助他分析自己在食衣住行的消費分布情形，縱使他現在是個月光族型態也沒關係，只要有記帳，他就能知道自己究竟把錢揮霍到哪裡去，有一天他若有心想開始省錢或存錢，他就可以評估該從哪個部分去節制消費。父母若不要求孩子記帳就輕易發放下個月的零用錢，孩子將無從感受壓力和責任，問起孩子錢都花到哪裡去了，往往他們也答不完全。將心比心，我們大人自己如果沒有記帳習慣，除非細細核對信用卡每筆帳單和所有的發票，否則也搞不清楚當月所有的花費細目，更何況是八歲、十歲的孩子。

工欲善其事，必先利其器。於是我帶孩子到文具店，由他們挑選自己喜歡的帳冊，剛開始他們記帳有一搭沒一搭的，如此就失去記帳的意義，直到我嚴格執行「沒有清楚帳冊，零用錢就減半發放」的政策，孩子才被迫正視記帳這件事情。每天晚上睡覺前，他們掏出口袋裡的發票登錄消費明細，回想今天的交通動線、悠遊卡總共刷了多少車資，放學肚子餓買了什麼零食，看展覽的門票花了多少錢……小學生是比國中生、高中生好要求的，如今他們已養成盡可能每天記帳的習慣，有一天他們告訴我，媽媽，原來這半年來我每個月的錢是這樣那樣花掉的，有些花費實在太高了，例如送給同學的生日卡片和生日禮物，以前卡片一張一張買沒有心痛的感覺，反正一張卡片十塊二十塊，掏出零錢就走人，記帳以後才發現，我的老天爺，原來半年累積下來的生日卡片費用這麼驚人！以後還是得像以前那樣自己動手做生日卡片，一年下來足足省了好幾百塊，送給同學的生日禮物也要好好思考交情和禮尚往來的額度了。

這就是每天花十分鐘記帳所帶給孩子的領悟，把「節儉是美德」這句話成天掛在嘴上可能被孩子嫌嘮叨，尤其我們日復一日在孩子的面前也不見得具有節儉的形象。金錢議題何其複雜，但至少我們可以要求孩子建立記帳的習慣，則孩子就走在消費理財的第一步路上了，他未來的人生，也才不致因爲謬誤的金錢觀而落得頹然谷底。

網站推薦：

每個月讓孩子逛一次群衆募資平臺是一個有意義的金錢教育。孩子能因此看到夢想與金錢的連結、募資成敗的各種可能、想像贊助者是如何評估風險，並觀察到各種創意的發生。

https://www.flyingv.cc/

好書推薦：

《為什麼我不能全部都買？…跟孩子一起認識金錢》

文／蘿拉．賈菲、羅爾．聖．馬克

親子天下（2007）

▶這是一本適合國小到國中孩子閱讀的金錢書，以生活小故事、學習檔案和測驗遊戲，增強孩子對金錢的理解，並形成他自己的結論。書中舉了許多與金錢有關的故事情境，讓孩子在故事中試著做選擇，最後附有Q＆A，列出孩子最常發問的問題。全書生活化的取材，引導孩子「需要與欲望」的概念，幫助孩子對金錢課題的多元思考。

就讓紀錄片，滋潤孩子的童年

寒暑假好時光，電影院照例是許多孩子最喜歡和朋友約好一起去喝可樂吃爆米花，看目眩神迷影片的熱門地方，不論大人和小孩是否搞清楚或確實遵守國內的電影分級制度，了不了解輔導級、限制級、保護級和普遍級的差異，總之，隨著電影工業技術的不斷進步，音樂和畫面的情感迸裂，故事發展的緊扣心弦，鮮少孩子能抗拒電影的魅力。除了看電影，孩子們的休閒排行榜，或許還有水上樂園的驚險刺激、各地方博物館的特別展覽、不同主題的觀光工廠，這些都是我常聽到的小學生度假方式。

孩子出世在不同的家庭，便有他不同的運命和生活，人類或許能在成年後扭轉改寫自己的命運，但童年時光的成長環境卻幾乎只能聽由父母的安排。這幾日我讀到一則新聞報導，花蓮鳳林鄉的北林國小總共只有十一個應屆畢業生，這座偏遠小校因爲只剩下四十個學生，被花蓮縣政府列入一〇三年度觀察廢校的名單，小朋友很擔心不久的將來他們會永遠失去這所來日的母校，因此他們決定自己包水餃、跳舞來籌募總計約十五萬元的款項，有錢才能畢業旅行，才能展開十一天的環島見習之旅。

後來這十一個北林國小的畢業生終於如願以償，在老師的帶領下利用各種交通工具如火車、公車、捷運和兩條腿，總共參訪了全國五所偏鄉國小。小校與小校的師生彼此面對面交流討論如何去面對，和改變他們家鄉「廢校」的命運。雖說這是期盼已久的小學畢業旅行，但和一般小學畢旅不同的是，他們並非安排熱門的一〇一大樓瞭望、不是去職業體驗城假扮機師、空姐或做三明治，也不是到臺中科博館看展覽或阿里山的日出與雲海，更沒有水上樂園的刺激尖叫，也沒有墾丁天氣晴的踏浪逛大街、義大世界的旋轉木馬咖啡杯。北林國小孩子們的畢業旅行沒有喧囂或高潮，他們是爲了可能的廢校而走向遠方去探索，他們去到和他們家鄉一樣偏遠迷你的凌雲國小、雲海國小、中平國小、南庄國小和石門國小等五所在廢校疑雲中，努力求生存的國民小學。

這則新聞讓我和兩個孩子讀了不是心酸，而是低迴深思好幾天。我的孩子們在大都會地區擁有國民義務教育的充足資源，校園圖書館藏書豐富，每學期坐遊覽車去戶外教學，他們實在難以體會面臨廢校的傷心與無奈。而這十一個北林國小的孩子們，卻能夠收起內心負面的情緒，以積極的意志和行動，為未來母校的存活努力尋找出路，證明這十一個孩子的能力和行動力，不被偏鄉資源的短缺而擊潰。

◆

就像臺東永安國小有位盧慶文老師，三年前的某天他聽說夜市要放映「綠色奧斯卡，英國wildscreen影展」，這影展網羅當今全球年度最頂尖秀異的生態紀錄片。盧老師感到詫異，臺東夜市怎可能會有國際性紀錄片影展，是要放映給誰看？遂跑到夜市去一探究竟，結果那夜播映的影片讓他大受震撼，事後他立即嘗試與主辦單位聯繫是否可在校內放映這些得獎生態紀錄片給小朋友觀賞。熱情如火的盧老師還設計開發出相關的教案，他挑選了其中一部影片《義肢大象》（*The Eyes of Thailand*），永安國小的孩子們因而看到受地雷之害的泰國大象曼塔拉，當牠被緬甸軍隱埋的地雷炸掉左腿後，泰國當地動物保護人士和醫生，是如何共同攜手為曼塔拉設計並裝上義肢的迢迢復建之路。

這部電影大大拓展永安國小孩子們的世界，戰爭與地雷的遺害、醫學科技的淑人淑物，原來東南亞地區有這種為人類工作的大象，更令孩子碰觸到人性光輝溫暖那一面的是，這隻受重傷的大象，不僅沒有被人們遺棄，還有一群人以專業的力量不斷為牠的幸福奔波。

◆

每年暑假在全國各縣市舉辦的臺灣野望影展，雖然經費拮据、放映地點不在電影院，卻因影片的精采與難得，成為每年夏天我和孩子們共同期盼的家庭電影節。策展人王誠之讓臺灣可以一口氣看到二十部全球頂尖生態紀錄片，對於長期關注綠生態或是著迷於得獎紀錄片卻又苦苦等不到片子在院線上映的影痴來說，這是何等幸運又開心的事。在王城之的努力下，野望影展遍地開花，放映地點從國家博物館、偏鄉夜市、民間講堂、小獨立書店、偏遠國小教室，乃至離島金門也曾遠征播映。去年還讓位於大屯山山腰的大屯國小孩子擔任影展策展人，由小學生親自策畫「大屯野望影展」，邀請全校師生和當地社區居民一起來觀賞由孩子們精心挑選的生態紀錄片，這些小學生初試啼聲，透過王誠之和學校老師的支持與指導，活動大獲好評。誰說小學生不能當策展人呢？我的孩子就說好羨慕大屯國小的孩子，影展策展人這職稱，眞是太酷了！

臺灣野望影展NGO的靈活與熱血，大大彌補我們長期與國際紀錄片難以接軌的缺憾，每年夏天，我們期待野望影展帶來清新的綠色。透過電影，所有我在智識上不足以教給孩子的地理、生物、歷史、醫學、科技、倫理、地景、攝影、故事、對生命的愛等等，這二十部國際紀錄片都代我傳遞給孩子，有父母問我，紀錄片畢竟不同於以娛樂和商業爲主要目的的劇情片，難道孩子不覺得冷僻無聊嗎？小學生看生態紀錄片，他們坐得住嗎？

啊，請千萬別輕易爲孩子貼標籤，別一開始就設限孩子的觀影品味與能力。看電影和閱讀紙本書一樣，都可以透過長期的培養以進入深廣的世界。以北投山上的「大屯野望影展」爲例，今年他們要放映《超級聰敏動物》第一集時，曾有點擔心影片中的諸多科學說明，對於那些還不太熟悉中文字幕的一年級小朋友而言，會不會門檻太高，但這部片可是二〇一二年Wildscreen影展由英國及其境外的十三歲以下小朋友所票選出來的「兒童首選獎」呢！爲了增加大屯小朋友對這部紀錄片的接受度，影片放映前，策展團隊設計了幾個問題和小朋友先聊聊，例如你比動物聰明嗎？你覺得動物會使用工具嗎？猜猜看動物懂得事先計畫嗎……等等一連串趣味問題。許多孩子的答案都是否定的，他們還不能想像其實動物會交談、會解決問題、也富有情感。接著策展人又和小朋友進行影片中黑猩猩的智力測驗遊戲，最後才開始放映這部饒富生物知識的《超級聰敏動物》，結果連識字不太多的小一新生也驚呼連連、專注看完，還頻喊好看眞好看！

一部六十分鐘的紀錄片所能帶給孩子的知識與感動，不是寫評量考卷或補習名師可以替代的，生態紀錄片的編導團隊往往集結了相關學科領域的優秀學者與科學家，每一部影片都以最生動的手法，爲孩子深植生物知識的根基，我的孩子們從小就開始接觸生態紀錄片，這也間接幫助他們在學校生物和自然科目上的學習，更加順手。

記得有一次我參加一場菜色澎湃豐富的晚宴，爲了避免浪費食物，散場時我打包佛跳牆、烏骨雞湯和干貝雞汁冬粉。返家後孩子看到如此豐盛的打包，第一句話就問，你們今天有吃魚翅嗎？我搖搖頭說這位晚宴主人他拒吃魚翅呢。

孩子一聽隨即露出鬆了一口氣的表情。他們的小小提問，讓我感到這兩個在海島出生成長的孩子，可不只是熟讀課本的死知識，從日常生活中的觀察與實踐，拜大量紀錄片之賜，他們已從「海鮮文化」的層次，一小步一小步跨越到「海洋文化」這一方。

這幾年我期許自己是個不單調、不無聊、不膚淺的母親，我把長期關注的自然科學、生命關懷、海洋永續、飲食文化等議題融合在家庭生活，所以孩子一看到豪華辦桌料理的打包食物，立刻產生有否魚翅的擔心一問，因爲他們知道全球鯊魚數量的急遽減少，以及人類爲了滿足口腹之欲對鯊魚所造成的無情屠殺。

對於正就讀小學的孩子而言，所謂科學，不僅是星星月亮太陽的觀象和科教館的動手做實驗，科學也存在於我們和孩子在餐桌上吃魚時一起討論流經臺灣海洋的黑潮，那溫暖潮水造就漁場的形成，帶來了漁民期盼的魚汛，現代捕魚工具的演變，又對漁獲造成什麼樣的衝擊，並如何影響魚價的飆漲或崩壞。這些議題幫助孩子觀察生活與世界，當他們盯著地圖、循著潮水的流向，去想像，啊原來是黑潮的溫暖，讓恆春四季如春……這是我能力範圍內所能給予孩子海洋科學研究的一端，雖然粗淺，卻是小家庭科普教育的開始。

◆

有些父母問我，雖然我們是四面環海的子民，但大海的廣闊、遙遠、神祕、險象，他有時溫柔有時凶猛難測、有時深情有時卻更無情，我們環海但懼怕海，這一切種種造成我們對大海的陌生，想帶孩子親近海洋知識遂毫無頭緒了。

陪同孩子一起觀賞緊扣大海主題的各種紀錄片，就不失爲一個很好入門的觸媒，我經常推薦適合全家人共賞的紀錄片，透過這個途徑來認識我們原本難以企及的世界拼圖的某一塊，使我們成爲不那麼無趣或無聊的一個人。抓住任何機會、只要有紀錄片就盡量找時間去看，那麼今年的孩子就會比去年的孩子知識更豐富一點點，今年的孩子也會比十年前的孩子，因心智積累的厚度而更成熟一點點。孩子就是這樣用歲月和學習，慢慢成爲追求知識、關心世界的人。

今年我和孩子一起觀看柯金源所執導的鯨鯊紀錄片《餘生．共游》。這是亞洲第一部以鯨鯊爲主角的紀錄片，從籌製到拍攝完成共耗時十二年，導演的大海蹲點十二年，我們卻只需在家裡扭開公視頻道，安適坐在沙發上，即可跟隨柯金源的腳步，進入那在海洋已優游數億年、當今地表最大的魚——鯨鯊的世界。

以這方式去認識鯨鯊，其感動和在屏東海生館隔著巨大水族箱，看著那尾體態斑點美若天上繁星，八年來卻只能在水族箱裡不斷繞圈圈迴游、供人類讚嘆，是大大不同的。隔著水族箱，孩子不一定能看見那尾鯨鯊身體與心靈上的隱傷，但透過公視這部紀錄片，他們可以看到因爲海景公司野放作業的過分粗糙，終究導致這隻曾經廣受遊客讚嘆的鯨鯊二號，擱淺沙灘，走向生命的盡頭。

這幾年臺灣出現各種紀錄片的播映管道，這是養育孩子很好的資源之一，我們不一定能夠讀萬卷書行萬里路，但藉由紀錄片所載負的多元視角，大大拓展我們的視野，所以，追隨野望影展也好，固定收看公視頻道也不錯，不妨經常注意各地方林務局或博物館、美術館、藝術電影院等地的紀錄片放映訊息。每年讓孩子好好觀賞幾部優質的紀錄片，那將使孩子的童年，留下既智性又豐足的成長痕跡。

說自信。從一張地圖開始

兩個孩子升上國中以後，一開學即陷入陀螺似的忙碌，第一次段考總是在不經意的時光流逝中突然殺出，還得同步準備英語演講比賽、室內樂鋼琴重奏比賽、臺北市弦樂團音樂比賽。若是個人賽則成績事小，自己對自己交代過去即可，但若是團體賽則攸關大夥兒的榮譽，就該全力以赴而偷懶不得了。課業與才藝皆不可廢，此時孩子的時間管理能力即大受考驗，需仰賴家庭教育長期的養成。小學六年是生活自理能力的黃金鍛鍊期，那時孩子年紀夠小，較樂意接受父母的指導，六年的磨練時間也夠長，我事先設想到孩子升上國中以後，驟然面對沉重的讀書壓力，國英數社自理地等科目樣樣不輕鬆，如何讓他在讀書考試以外，還保有熱情去享受社團活動小青春的衆樂樂，將一天二十四小時妥善規畫運用的能力，是我重要的教養課題。

孩子值幼兒年紀時，我也曾不吝於爲他們任何一點點的進步表現就熱烈拍手說哇你好棒好棒，然而當孩子七歲成爲小學新生時，我進一步思索該如何引導他找出那股湧自他內心深處的「好棒、好棒」呢？他覺得自己棒不棒？如何才能讓他覺得自己棒？來自父母或外界所讚嘆的「好棒」終究是短暫的，那取決於他人的肯定而不是自己給自己的掌聲，唯有對自己產生自信，才是堅實而不浮誇的自我追尋。

大人經常不忘強調自信對孩子的重要性，但我們往往也以愛之名而剝奪孩子建立自信的機會。簡單說自信就是覺得自己很行，我們幫孩子背書包、爲孩子準備明日美術用品、替孩子打理明天穿運動服或便服、總是不忘修潤孩子待交的週記和作文，更不忘緊盯孩子月考的時程和範圍……在每一天的家庭生活裡，媽媽看起來與孩子接縫完美，但沉靜下來思考，如此一手呵護代勞所帶來孩子的今日、昨日與明日，在舒適圈長大的他，能夠成長並建立自信嗎？

去問問孩子你覺得自己今天哪件事做得很棒呢？孩子給的答案幾乎是零。

談教育時我不是一個鼓吹競爭力（Competitiveness）的母親，維基百科定義「競爭力」

是指對象在競爭中所顯示出來的能力，這個相對指標必須透過競爭才能表現出來。區域內各經濟主體要講競爭力，國與國之間也要較勁競爭力，企業體同步追求核心競爭力、財務競爭力、品牌競爭力、服務競爭力，我們隨著媒體的標題沉浮在「競爭力」的汪洋裡，連教育孩子時，也被洗腦以「競爭力」「不能輸在起跑點」的角度，短視看待孩子的學習。

與其用「競爭力」的思維去想像孩子未來需要具備的能力，我更思酌的是，在島嶼長大的孩子，其特質是否將開闊如海洋性格而不是島嶼性格？一個勇敢堅強不懦弱的成人，得從小就透過日常去累積可貴扎實的自信（Assertive），有了自信，才能大氣，才能勇於面對挑戰，沒了自信便會貶低他個人的價值，空有才華也難以放手揮灑。自信是心理健康的指標之一，不看孩子的才藝比賽和考試排名，這六年我們要讓他從哪裡去獲得持續的自信？

早些年在校園當晨光媽媽爲小朋友說故事時，我若問孩子們覺得自己擁有哪些很棒的能力或經驗，他們經常回應我茫然無光彩的眼神。我們應該讓孩子在生活裡能幹，讓他覺得自己很強很會做，畢竟不是每個孩子都能考第一名或跑最快，也不是每個孩子都能夠代表演講比賽或拿下科展獎，讓孩子產生自信而不是自負，自信不是張牙舞爪或膨風吹擂的自我感覺良好。一個有自信的孩子是透過持續的手做和付出，有時挫折、有時成功，他藉由反覆的挫折和成功經驗，看到自己跨過艱困，在時間之河裡，淘洗出屬於他內心的閃閃琉璃。

所以，我們就放手吧，放手讓孩子自己做，給孩子持續建立自我信心的機會。生活中可放手讓孩子做的事俯拾皆是，最重要的是「累積」。

◆

回首當年老大升上小學四年級以後，勇氣突然大增，他開始積極爭取「獨行」的機會，他要求他自己上下學、自己搭公車去東區逛書店、自己轉捷運去兩廳院聽音樂會、自己去信義區的電影院和美食街……從我們家出發以大眾運輸交通工具進市區約一小時，而臺北的大眾運輸網絡既綿密又複雜，搞懂了就方便，若搞不懂就得在匆忙人海中自行想法子看圖問路，我實在很難爽快答應讓小學生女兒一個人出門在臺北街頭遊走。

孩子開始要求自己出門，意味他對自由的渴望，對獨處的嚮往，他內心滋生了勇氣，對自己掌握辨識路徑充分具有信心，我不能打擊他追求挑戰的熱情，這時機一旦被父母剝奪，當孩子退回舒適圈，他內心必徒留沮喪，從此再難邁出下一步。

幾經衡量考慮，我決定不讓自己內心的恐懼綁架孩子建立自信的機會，我採取溫和放手的方式，讓他獨行的足跡先從放學搭公車回家開始。孩子的能力果真不容小覷，上下學自己搭公車對他來說不僅易如反掌，他還知道萬一睡過頭坐過站，別慌別怕，下公車過馬路到對面站牌去搭車返回就好。孩子也接受我的建議，爲安全起見，選公車座位時不要一個人坐到車廂尾端後排去，要盡量選擇靠走道的位子，萬一碰到怪怪的人或色狼才能立刻站起來脫身解套。另外孩子上學時難免全身披披掛掛，有書包、便當袋、傘具、外套等等，爲了避免丟三落四，自個兒坐車的他也養成下車離座前一定要回望座椅上是否有遺落任何東西的習慣。萬一車上乘客多、沒位子可坐，務必要抓牢扶桿站穩，避免讓背著書包的身軀失去平衡，因爲公車司機何時會踩緊急煞車是乘客難以預測的，在疾行的公車上摔倒具有高危險性，所以，孩子必須學習成熟拿捏公車行進間的肢體平衡。這些都是課本和老師教不來的生活智能與肌肉鍛鍊。

瞧！光是搭公車上下學如此普通的事，就有這麼多注意事項，讓孩子自己搭車就是讓他摸索重要的生活小細節，讓他發現他有能力照顧好他自己，讓他知道他生活的疆界不再被父母親愛的接送給框架，我看過在公車上獨自望向窗外街景的小學生，神情堅毅而自由。

熟練自己坐公車上下學的半年後某個晚上，我因加班而來不及到學校接孩子放學再趕到兩廳院聽音樂會，票早已買好而不能退，我心情陷入膠著兩難的狀態，坦白說連我自己都不太熟悉從學校到兩廳院轉換公車和捷運的方式，且兩廳院腹地廣大入口多，我正煩惱不已時，孩子卻自信滿滿告訴我：「媽媽，其實我可以自己去聽音樂會，你不用趕來趕去，你只要晚上九點半再來門口接我就好。」我立刻回答他放學後已天黑，他自己到音樂廳有點兒危險，孩子卻一派穩然地說，只要他能借到智慧型手機，憑藉手機裡的Google Maps，他絕對能找到音樂廳的路。

這提議眞讓我大吃一驚，很少使用智慧型手機的他，是何時學會操作Google Maps的？Google Maps眞的可靠嗎？眞能帶他到他想去的地方嗎？萬一他自己在路上遇到狀況發生該怎麼辦？向晚後的兩廳院附近頗爲昏暗，萬一孩子找不到路那該如何是好？

孩子見我緊張，知道想說服媽媽光是拍胸保證不會有用，一定得用理性的方式來說服我。他先上網查好從學校到兩廳院的公車路線，告訴我從學校要往哪個方向乘車才正確，經過約五十分鐘可抵達仁愛、林森路口，下公車以後即可依賴手機裡的Google Maps，他解釋說這個電子地圖有非常清楚的地標服務，這3D地圖是很好的城市旅行工具，移動尋路他一點都不害怕。

一向對地圖有閱讀障礙的我，意料不到孩子對網路地圖如此有把握，不知他哪裡來這麼大的自信，認為自己夠能幹，認為自己憑地圖就可以到他想去的地方。

我想起他三歲時就為他準備好的地球儀，我們曾一起轉啊轉地尋找龍貓公車的家鄉，尋找彼得兔和小熊維尼住哪裡，尋找巧虎誕生於何處，尋找全世界種植最多巧克力豆的非洲大陸是哪一塊，尋找割耳的梵谷在哪裡作畫，尋找貝多芬的墳墓葬在歐洲哪一處國土，尋找紐約和洛杉磯是怎樣的一東一西，總之，那些年地球儀隨著孩子的想像力與好奇心，在家裡的書桌上轉個不停。

轉了好幾年的地球儀以後，隨著識字能力的進步，孩子們又去翻讀小說《哈比人》和《魔戒》的地圖。托爾金的奇幻文學地圖讓孩子閱讀時有如遊戲的魔力，記得當時我和他們聊過人類最早的藏寶圖，是在好久好久以前的舊石器時代，於神祕洞穴的壁畫上被後人發現，壁畫上的圖表示拿著你的矛到這裡，就會有個白土粉的箭頭指引方向，順著這方向你就可以獵到一隻毛茸茸的生物。或許當年我說給他們聽的那些藏寶圖故事，就是孩子日後Google Maps的啓蒙吧。

總之，孩子堅定的眼神和清楚的行動計畫說服了我。於是那夜他運用自己搜尋到的資訊，決定好公車路線和Google Maps的交叉使用，果真順利準時抵達音樂廳，背著大書包獨自欣賞一場莫札特歌劇音樂會。迄今五年過去，孩子們對於臺北市的主要幹道已相當熟悉，捷運站各顏色路線的轉乘也都來去自如，許多他未曾去過的地方，只要我和他約好見面時間和地點，他都能無誤安抵，比我這個大人還厲害。我相信這孩子以雙眼和雙腿所獨力獲得的移動自由，因此而衍生的自信，是他應得的莫大讚美。

一個人尋路摸索方向時，他內心一定覺得自己很棒。在教室和家庭以外的地方，他看到自己的能力，他確定自己的能幹，他不必畏畏縮縮、閃閃躲躲、猶豫不決、靠爸靠媽。他知道前方或許會有困難，但面對它、解決它就是了，別只是怕。

就讓孩子從看懂一張地圖開始吧，不論是電子地圖或是紙本地圖。試著讓他帶著地圖從家出發，讓他從日常生活中，一步一步找到他該有的自信，那將使孩子心生勇敢，勇於創新、勇於面對。或許八歲孩子需要的不是競爭力，而是他從小慢慢相信，許多事情他會他可以。

買來的書。借來的書

雖然各地公立圖書館的館藏豐富、借閱制度也越來越便利，但借來的書，和個人實質擁有一本書所帶來的精神慰藉與滿足，是完全不同的。就像借來一件美麗的衣服穿在身上，跟擁有它放在自己的衣櫃裡不時拿出來端看摩娑，是截然不同的心理感受。借來的書，就有還書的限期壓力和不可隨心所欲做筆記的限制，借來的書屬於公共財產，借閱者就有義務保持書本的完好性，因此，既不能在床上拉條棉被，讀到睡著把書給壓皺了也無所謂，也不能邊讀書邊喝杯熱巧克力，以免不小心飲料打翻、濺溼了書，享受不成，還帶來驚慌和悔嘆。借來的書是過客，買來的書是擁有。

如此戒慎恐懼、小心翼翼面對借來的書，很難和書建立起深刻的情感和回憶，因此我決定讓孩子擁有他自己的藏書閣。自他們上小學起，我跟孩子們說，每個月初是大人領薪水的日子，也是全家人可以一塊兒去書店買書的日子，你們可以各挑一兩本非常喜歡，很想收藏，放在書櫃就讓你很開心的書，不管是小說、漫畫、雜誌或CD都可以，只要經過你思之再三的，告訴我它的特色和內涵，那我們就付錢買下來，這書從此就是你們的了。

剛開始兩個孩子貼心，還會略帶遲疑說，圖書館的書借都借不完，我們不用花錢買啦，這錢可以省下來。我知道孩子想說的是節儉，但我內心想的是愛書人對書的欲望和收藏癖應該被滿足。於是我跟他們解釋，擁有自己藏書的感覺是踏實快樂的，像媽媽和爸爸二十幾年來收藏近千本喜歡的書，不算太少也不算多，但我們隨時想讀點什麼東西都有，這些書就像是相知很久的老朋友，搬家搬來搬去也捨不得離棄，就算再過二十年應該也還是深深愛惜，我相信你們也想擁有這種感覺，我知道你們是小小愛書人，別擔心買書的錢，其實跟買一件衣服或吃一次速食餐比起來，買書的錢很划算，花兩三百塊錢買一本書，等於把作家長久以來的智慧和才華帶回家慢慢讀，別捨不得這個錢，我們省別的地方就好。

我接著說，要是我們每個人都只願意借書而不肯花錢買書，那麼你喜歡的作家和插畫家就會因爲買書的人太少，沒有收入，過著沒錢困窘的日子。作家也是人也是要吃飯不是吃土，我們怎麼忍心讓從事創作的人煩惱房租、水電和買菜錢，當作家和出版社面臨拮据窘境時，最後可能迫於生計不得不放棄這條路，從此我們再也沒有出版業，沒有故事書可讀了。

兩個孩子聽了這環環相扣的道理，像是得到購物的充足好理由，從此每個月初就開始期待全家一起出門挑書買書的週末。十年忽焉過去，現在讀高二的老大不知不覺已累積數百本愛書的收藏規模，一個月買兩本，一年即有二十四本，再加上生日、過節和表現良好時的贈書禮物，數目自然可觀。昨天他還跟爸爸請款，放學後自個兒一個人去逛國際書展，到心儀作家的演講場次去聆聽，奔獨立書店攤位找作家簽書，他早已能體會當年我所解釋的，愛書人寧可減少一些物質享受，也樂意撥一點點預算來收藏書、擁有書。當他因父母工作忙碌而必須獨處時，當他閒來無事時，就可以來回巡梭自己費心整理歸類的書架，每一本書都有他讀過的舊時情感，每一個故事都不再是圖書館的過客而是他個人的專屬收藏，我很高興兩個孩子成為小小愛書人，等到他們長大出社會，相信他們會時不時走進書店去挑幾本書帶回家，往後他的智識發展和精神生活，便有了豐厚、滿足的可能。

老大升上高中以後，生活步調日益繁忙緊湊，前陣子為了社團死刑存廢的新生盃辯論賽更是忙得焦頭爛額，有一天他跟我說他得解解壓才行，方法竟然是去書店買焦元溥的新書

《樂之本事》最療癒。我非常驚訝每天苦讀法律資料至半夜，倦累到睡客廳沙發的他，竟還掌握最新出版訊息，擅寫古典樂評的焦元溥在臉書動態和報紙專欄的發表，時而辛辣時而幽默，他的古典音樂賞析著作，不論資深古典樂迷或新手入門者都可獲致樂趣。焦元溥擅長以各種有趣的樂壇故事導引出古典音樂的迷人，筆調輕鬆內容扎實，這位畢業自倫敦國王音樂學院的音樂學博士，讓我家學習鋼琴十年的老大，感到近乎偶像的尊崇。

既然是孩子買回的愛書，雖然我完全不識樂譜，雖然我是古典音樂門外漢，但我還是利用幾晚的睡前時光，讀完書中所論及的音樂常識與簡史，吃飯聊天時，我告訴老大他選書的品味也令我獲益良多、樂趣無窮。他聽了自是笑得得意。猶記幾年前是我推薦繪本給孩子，如今孩子也有他個人風格的卓然選書眼光。

今天我特地到書店去採買陳綺貞的散文創作《不在他方》，打算以此書作為送給孩子的新年禮物。我沒想到清新靈性的陳綺貞，除了詞曲創作和舞臺表演清新秀異，也寫得一手感性優美的散文。雖是散文，字裡行間卻不期然溢出如詩的熟美，或許我不該意外，寫歌詞也是詩人的稟賦吧，看詩人夏宇變身為李格悌時所寫的歌詞，多麼迷人。陳綺貞在散文集《不在他方》寫他孤獨、貧困的童年，寫他的母親與外婆，寫他旅行地如古巴的記錄與觀察，情感不需節制，青春味道濃厚。我把書揣在懷裡，開始想像孩子讀它時將得到什麼樣的喜悅或感觸，或許他會因此而跟著寫些什麼呢。哦不，即使什麼激盪都沒發生，也無所謂。

就像小時候他最愛讀的繪本之一《愛書人黃茉莉》，當一本一本書悄悄進駐到他房間裡，他的床頭、他的書桌，那生活的氛圍就能素樸而安定，他就能開始思想。

第四章

珍視，那稍縱即逝的親子時光

暑假的精進與全心投入

前幾天我買一本書《給青年科學家的信》送給好友M，因爲他那就讀小學三年級的兒子，這陣子極熱衷於觀察家裡天花板上和壁縫裡的四隻蜘蛛，這些不請自來的小小訪客，其長相不僅讓M感到恐懼，M也不希望兒子在月考將臨之際，還花那麼多時間趴在壁上描摹蜘蛛的樣子。M眞是矛盾，他安排兒子到坊間知名科學實驗班去補習自然生物，他想像兒子有一天能夠參加國際科展競賽，但他自己卻不願抽出一點點時間去了解蜘蛛的特性，也因爲他無知所引起的恐懼，跟著打擊了孩子的觀察樂趣。

說到天地間萬物的逸理，英國詩人William Blake的這幾行詩句已流傳百年：

To see a World in a Grain of Sand

And a Heaven in a Wild Flower,

Hold Infinity in the palm of your hand

And Eternity in an hour.

在衆多名家的中文翻譯裡，以陳之藩的譯句最獲我心：

一粒砂裡有一個世界，
一朵花裡有一個天堂，
把無窮無盡握於手掌，
永恆寧非是剎那時光。

一砂即爲一世界，一花可爲一天堂，一隻蜘蛛何嘗不是一個宇宙。美國國家太空總署曾經在一九七三年將兩隻蜘蛛送進太空，讓太空人觀察它們在失重環境下結網能力的變化，結果科學家發現蜘蛛得經過三天的適應時間才能恢復正常結網能力。除了蜘蛛，太空人也曾把六萬隻水母帶上太空去做實驗，以進一步探索無重力狀態的影響，然後發現在太空中出生的水母既不會游泳也不能適應地球上的環境呢。這些例子可見科學研究與我們的生活息息相關，像蜘蛛這類在家中即可就近觀察的節肢動物，不失爲一個提供孩子自然研究的機會。

這幾年我家一直有些白額高腳蛛一代又一代地產卵、長大、老死，它們是捕獵蟑螂的神快手，無異是家裡最環保的除蟑幫手，多年來我的孩子們與白額高腳蛛和平共處，有時孩子還擔心家裡蟑螂太少，白額高腳蛛會因獵物缺乏而餓死或移居他鄉。前幾年一個無所事事的暑假，我和孩子們一邊包水餃一邊看著窗外陽臺上正在蛻皮的一隻人面蜘蛛，過程大約三十分鐘，只見它趴在絲網上不斷微微抖動，據說蛻皮是它們生命中最脆弱的時刻，我們親眼目睹那時毫無任何防禦能力的人面蜘蛛正爲新生而奮鬥，孩子一直說安靜安靜、講話不要太大聲，讓蜘蛛可以專心蛻皮。他們還累積不少蜘蛛速寫，童心童眼下的筆觸細膩可愛，充分表現出媽媽對蜘蛛居家存在的淡定，所帶給孩子關於生物觀察的接納性。

因此我希望M在讀完《給青年科學家的信》以後，能夠像我一樣展開平凡母親對科學之道的基本了解，願M的孩子往後亦可長時間優游於生物觀察的航道。當孩子從家裡一草一木一蟲的出發，當他面對科學時，他就是快樂的。愛德華．奧斯本．威爾森是美國國家科學院院士和哈佛大學有機體演化生物學系教授，曾獲美國時代雜誌譽爲「全美國最有影響力的二十五人」，這一本《給青年科學家的信》雖編屬爲科普類著作，行文卻親切易讀，優雅又富高度趣味，愛德華在書中的第一封信聊起一九四三年他十四歲的夏天，生活在阿拉巴馬州的小城莫比爾，當時他最常做的事就是在住家附近的沼澤和森林裡探險，他四處採集螞蟻和蝴蝶，並在家中打造一個養蛇和黑寡婦蜘蛛的迷你動物園。

上高中以後，愛德華很少花時間在學校的課業上，他十七歲進入阿拉巴馬大學，決心成爲一位昆蟲學家，他遞上他精心準備、分類完好的螞蟻標本給生物系辦公室，順利獲得錄取，從此開啓他日後被封爲「生物多樣性之父」的科學研究之路。這位社會生物學派開創者在書裡面提到，螞蟻是昆蟲當中數量最豐富的，和白蟻、蜜蜂同爲所有動物中社會制度最完備的一種，但他進大學時，卻發現全球只有十幾位科學家以螞蟻爲研究主題，他幽默表示他搶先挖到金礦了，那以後他所有的螞蟻專題研究不論有多麼簡單，幾乎都能在學術期刊上發表，只因螞蟻領域的專門研究在當時非常冷門稀罕，競爭者少。

我不得不懷疑，換做是在臺灣，一個高中男孩並不特別認眞讀書，倒是鎭日花費許多時間收集各種螞蟻做成標本，我們會包容或支持嗎？像螞蟻這種家裡最常見的動物，我們又給孩子多少時間和機會去趴看著仔細觀察呢？我們或許鼓勵孩子學外語、學跳舞、學戲劇、學樂器，卻讓孩子對身邊的螞蟻、蝴蝶、毛毛蟲和飛鳥，視而不見，見而不察。威爾森若不是在十四歲暑假那年獨自一人於沼澤森林裡流連探險，也許，就沒有他一九九〇年獲得普立茲獎的著作《螞蟻．螞蟻》，甚至，他也不會成爲當今全球最傑出的生物學者之一了。

◆

這幾年臺灣的小學生暑假，各公私立機構在半年前就開發出許多不同訴求的夏日營隊，有的主打娛樂，有的注重體能或發展才藝，父母出於愛護孩子的心意，早早即積極幫孩子物色各種有趣又可刺激學習的營隊，多數孩子雖然奔波倒也樂在其中，但我仍不免爲孩子寶貴長假的被切割而感到可惜，人一生只有六個童年暑假，要把珍貴假期切割成一個又一個的活動？還是盡可能保留假期的完整性？我傾向選擇後者。

有時我聽到朋友語帶哀怨說，孩子放暑假反而是大人一年當中最忙最累的時候，要張羅孩子在家的三餐與點心，督促他們完成五花八門的暑假作業，爲了避免他們喊無聊或虛度光陰、跟不上新學期的課業，有些家庭還安排特訓補習班、夏令營和才藝團，若經濟能力許可，再加碼一、兩趟海內外親子旅行，這些林林總總的活動全擠在溽熱的七、八月，難怪父母們都忙壞了，九月開學時便聽見他們在網路上一片歡呼拉炮聲。

我曾經當過十多年的職業婦女，因此而未能全程參與兩個孩子的暑假生活，那時我總感到愧疚和憂慮，內心非常羨慕能夠像日本媽媽一樣全職在家的朋友，看他們過著全心全意與孩子共度長假的夏日生活，那眞是我夢寐以求的奢侈，但雙薪卻是當時不得不然的選擇。透過部落格看到沒上班的母親們可以每天握著孩子的手，一塊兒去游泳、逛書店、看熱門電影、遊博物館、午後吃冰喝果汁、抱在一起睡個慵懶的午覺、到海邊玩沙、在家裡放映宮崎駿影片、一起擀水餃皮捏著不成型的元寶……他們幸福到可以什麼都做，也可以什麼都不做，人在江湖的我卻什麼都不能陪孩子做，我只能朝九晚九坐鎮辦公室，一邊開業務會議，一邊電話遙控每天寄放在公婆家的兩個孩子，小聲叮嚀他們電視不要看太久、糖果餅乾不可以吃太多、不要喝太甜的冰的、趕快去寫功課等等這類打不進孩子心坎裡的話，每年的暑假六十天，是我職業婦女最漫長難熬的掙扎。

那時我偶爾望向辦公室外的車水馬龍獨自發呆幻想，如果我可以陪孩子在暑假好好做一件事，一件事就好，那該有多棒。

直到現在，每當我聽到全職媽媽嘆氣說：「暑假趕快過去吧，希望學校趕快開學，早日還我自由！」我都好想告訴媽媽們，在孩子將近百歲的一生中，最純真最無憂的夏天總共只有這六個，雖然國中、高中到大學依然年年有暑假，但不是給了補習班，就是社團、朋友和打工，不太可能再全心全意與父母共度了。小學生每過完一個暑假就是永遠失去一個，儘管我們和孩子血脈相連，卻極可能只緊緊擁有這六個長假，無論身爲職業婦女或家庭主婦，這段時光，我無比珍惜。

兩個孩子分別升上小學五年級和三年級以後，我終於依十年前擬訂的長期計畫，下定決心離開職場，學習當一個全職媽媽，不但終結了只能用電話遙控孩子暑假生活的模式，也展開期待已久、至今回想依然滿足的暑假美好日子。養育孩子最難能可貴的是不後悔，而我最不需追悔的，就是讓孩子們度過只要做好一件事就足夠的暑假。

例如他們每天早上去游泳池把自由式從不會換氣練到泳技精銳，中午返家以後，要畫要讀要睡要唱要傻要廢皆無不可。或整個暑假只要好好學會一首蕭邦、一首舒伯特就好，其餘時間就該還給他們充分的自由。我認爲暑假是讓孩子「完整精進」某個領域的最好機會，好不容易擺脫平日上下課的緊張與壓力，終於可以「集中火力」做一兩件喜歡的事情，就要讓他摸到熟、玩到透。因此暑假前我們會開放討論，這兩個月是否想鑽研些與升學考試一點關係都沒有的興趣呢？

例如兩個月夠孩子學會一點日文了。可以挑戰一首美麗動聽但不好練的德布西。要看完一整套漫畫也沒有問題喔。學唱幾首西洋歌也行。不然來找教練學水中蝶式。或是跟媽媽一起在廚房學會整套的麵食煮法（餃子、湯麵、乾麵、蒸餃、煎餃、餛飩都是不同的火候掌控）。如果想種植夏日瓜類蔬菜我也全力支持。有一年他們許願說暑假要看遍圖書館裡所有的動物影片。

這是我心目中「暑假完整性」的計畫，讓孩子選擇一個半天的精進生活，也讓他保有至少八小時的自由潑灑，這樣的假期，才能稱之爲假期，不失紀律又充分具有自由摸索的彈性。給予孩子徹底的休養生息，這樣他們才能發育得好，當夏日過去重返校園時，他們將以更強健的體魄和思想，展開新學期。

現在我的兩個青春期孩子對古典音樂有所熱衷，在游泳池裡優游自如，烹飪烘焙技術足可餵養父母一兩餐，閒暇時會自己計畫練跑以保持應試的體力，對昆蟲生態始終維持觀察的熱情，這全是小學的每年暑假，專攻一兩樣領域所累積的精進成果。讓孩子在漫長暑假爲他喜歡的事全心投入，給孩子眞正歡樂放鬆的暑假，是我最不後悔、最感欣慰的養兒歷程。

推薦這本富含人文氣息的科普書，滿足喜愛閱讀的青少年到成人。

《給青年科學家的信 Letters to a Young Scientist》
文／愛德華・奥斯本・威爾森
聯經出版公司（2014）

▶作者為美國當代重要生物學家，也是兩屆普立茲獎得主和哈佛大學終身教授，他將六十年的學思歷程化為二十篇給世上所有年輕人的書信，從他孩提時代的精采暑假，到踏上科學之路的挑戰與樂趣。

網路宰制孩子的生活

今天接到一通招生電話，老師在話筒另一端熱情激昂地自我介紹，他們是一家擁有四十年歷史的數理資優補習班，課程規畫從孩子念幼兒園大班開始到考取前三志願高中爲止，不管是五、六歲的學齡前，還是十五歲的小少年，他們皆自豪於最擅長激發出孩子的自然科學實驗潛能。招生老師並再三強調他們上一學年度的亮麗佳績，總計有近四百位小學生考取臺北市明星私立初中，還說這可是全臺北市最高私校率取率的補習班等等。

一家補習班號稱一年輔導將近四百個小學生考取私立初中，這不只是個驚人的數字，也可見十二年國教所謂的免試升學政策，並未眞正減輕父母和孩子的焦慮，反而讓爲數不少的家庭承受更高的壓力，他們索性放棄讓孩子就讀公立國中，轉而投向升學率掛帥的私立學校。我從小崇尚自由與自主，有了孩子以後更不忘童年一生只有一次，我希望我孩子們的小學生活，是由運動和大自然這兩條軸線所串聯的主旋律，因此我從未考慮過以集體管理嚴謹和學業進度超前的私校為升學目標，私校好不好我不知道，但我確定「超前」不是我和孩子想要的。我認為全世界並不存在一個盡如人意、十全十美的教育體制，或許東方有東方的威權，西方也有西方的爭議。每個家庭因父母各自特有的氣質與展望而經營不同，究竟孩子讀公校或私校好，我不認為有絕對正確的答案，一切端賴父母判斷的初心。

就像孩子使用網路到什麼程度才是適切的，也沒有人可指出一個絕對的SOP，上網宛如走上不歸路，青少年的網路成癮，這十年來早已是全球教育學者和政府部門不斷嚴肅探討的課題。隨著APP、社群、遊戲的日益興盛，許多孩子向父母哀求越來越多的上網時間，一旦孩子把課後時間許給網路，就不可能不稀釋掉他原本紙本閱讀、戶外運動、充足睡眠或親子聊天對話的時間。不論現在APP設計多麼有趣或富教育功能，我仍傾向於讓小學階段的孩子，家庭生活以閱讀繪本小說、雙手創作美勞、在廚房洗碗學烹飪、到戶外去流汗跑跳為主。雖然孩子因此而不識熱門APP的新穎與摩登，但孩子也因此保有實體生活的敦厚感，從手機銀幕觀看青蛙的一生雖然節省時間有效率，但這一代孩子也因此大缺接觸土地的機會，希望孩子看螢幕或看書？只能說這是完全不同的感受與學習，而我的選擇是傾向後者。

前幾天在某個國小演講場合，有位母親憂心問，孩子每天晚上花很長時間陷在班級的網路群組裡，一開始是說要討論分組作業，後來卻逐漸演變成嘰嘰喳喳的聊天說地，貼圖聲不時叮咚來叮咚去，大大影響孩子原本規律的夜間作息，也造成媽媽和孩子的衝突日益增高。此時有位爸爸持反對看法說，網路有其益處，他的孩子即因擅於使用網路群組，所以科展比賽的團隊工作進行得更有效率，小小團員們透過 Line 可即時回報彼此的實驗結果並隨時討論修正，這位爸爸認爲網路社群不全是猛虎出閘，只要孩子自我管理得當，網路社群所串聯的正面效益不可輕忽。

◆

顯然有的家庭深受孩子網路成癮而困擾，也有些家庭卻因網路便利而學習受益，數位網路的使用所帶給孩子的生活影響與課業學習的衝擊，平衡拿捏的智慧在哪裡？

這一代孩子被稱為數位原民（Digital natives），他們一出生就活在網際網路的世界，在數位國度裡成長，從不懷疑該不該使用網路，他生來就能夠快速流利地掌握數位語言，他們每天與智慧手機密切共存，在鍵盤上打字飛快，對滑世代來說，字，是打出來，而不是寫出來的。

因此讓孩子在家裡以網路作為學習工具之一，是我偶爾開放給孩子的選擇，但我也經常思索這可是最好的選擇？數位與紙本的角色要如何拿捏使其融合在孩子的生活裡，相對考驗父母的智慧。這些年數位教學在全球乃至臺灣的中小學教育現場，皆獲得高度的運用與肯定，國民中小學教師在課堂上使用網路和電腦教學蔚為風潮，許多父母也樂於提供平板電腦和智慧手機供孩子娛樂或搜尋資料、瀏覽影片，然數位教學的成效究竟如何，卻很少看到相關的客觀調查數據。

而臺灣教育部電子報在二〇一四年九月有一則新聞引起我的注意。總部設在巴黎米埃特堡的OECD（經濟合作暨發展組織）首度發表「學生基礎素養國際評比PISA」研究報告，OECD根據六十八個會員國學生在課堂和校外使用電腦的總時數，以及老師將電腦做為教學工具的時數，再與學生成績進行交叉分析，最後的調查結果令全球教育學者大感意外，OECD調查發現，無論在校內或校外使用電腦及網路學習越多的學生，其PISA成績越差。

以最積極於網路數位教學，學生上網時間最長的瑞典來看，瑞典學生在閱讀、數學和科學等科目的評比都表現甚差，瑞典教育署就這調查提出深度分析報告，並公開警告瑞典各級學校，應該正視OECD這份評比，重新評估如何有效運用電腦輔助教學。由此可見，對於就讀中小學的孩子而言，網路數位教學或許較傳統紙本教法有趣、有吸引力，但即使是歐洲專業合格教師，面對數位工具的活躍、新穎，也仍然需要學習更有技巧的掌握，才不會讓小學生徒然花費那麼多時間在網路學習，成效卻不彰。

這則國際教育新聞讓我進一步思考，如何避免孩子過度依賴網路工具的學習，如何將紙本、黑板等傳統學習方式，與數位工具做恰當的結合。我曾在小學教室親眼目睹老師高度依賴以投影電子設備教導孩子做數學運算，雖然透過營幕聲光的切換，教學過程似乎較傳統黑板書寫更活潑，但從孩子們後來的學習成績來看，表現卻不如預期，有些孩子只得放學後跑去補習班做個別輔導的加強。

科技的進步固然帶來即時與便利，擅於使用數位網路確實幫助我們與國際同步接軌，但紙本世界的古典性對孩子的學習來說，仍有難以取代之處。回首我兩個孩子就讀小學的那些年，我們在家裡拿起厚厚的字典查部首、學造句，過程雖然看似老派，效率雖然好像很慢，但那種互動性的討論與激盪，那種望著紙張逐字逐句的思索，卻是孩子用網路查網路字典所難以比擬的。網路學習工具雖然大受歡迎，但它缺少兩造的對話，所以，我不全然高歌數位網路對小學生課業學習有多正面的指引，我更重視以言語和孩子交流，慢有慢的古典滋味，小學生終究不是高中生、大學生，他們仍是隻渴望肢體擁抱、需要真人陪伴的小動物，別輕易讓網路大量宰制孩子的生活哪。

當孩子看到不同層級的物質生活

最近陪孩子看電視上的冬季奧運滑雪賽事，但見那些身手矯健的選手們在皚皚銀白的高低起伏賽場裡，驚險刺激地自高坡瞬間暴降彎滑到坡底，高速中猶能精準掌握身體與技術的極限，孩子們忍不住驚呼連連，直嘆很難想像西元三千年前生活於北極圈的挪威人，就可以運用高山滑雪技術打獵謀生了，算起來人類高山滑雪已超過五千年歷史，孩子喊，媽咪，要是我們寒假可以去北海道滑雪度假，那該有多好啊。

別說是出國旅行對孩子強烈召喚的吸引力了，帶他們從臺北殺到墾丁去看海戲沙，或是讓南部孩子來臺北逛一〇一和西門町，即使是國內旅遊，在孩子心中也充滿魔力，當他用眼睛和足跡去印證社自課本的圖文，那是最生動難忘的檢索。人類迷戀遷徙，不畏懼環境的變化，旅途移動帶給我們不確定性的冒險樂趣，正是我們熱衷於大小旅行的實因。

孩子上小學以後，逐漸了解到每個同學都有屬於他自己家庭的旅行史。一般公立國小學童的家庭背景組合與收費高昂的私立小學有極大不同，公立國小是個普羅大衆社會的縮影，一個班級往往包納社會各個階層的孩子，班上可能有每天需要打包剩下的營養午餐回家當全家人晚餐的弱勢家庭同學，可能有父母失業的低收入戶，可能有公教人員家庭，也有寒暑假可遊歷歐美一個月、從小就見多識廣的小朋友。有些孩子得煩惱畢業旅行的五千元旅費，有些孩子物質生活優渥豐裕，這是一般公立國小的生態系，這個來自各方不同家庭的小星球，也就成爲孩子學習同理心的最佳場域。

我的兩個孩子也會羨慕有些同學的旅行足跡，從鄰近亞洲國家延伸到布拉格、倫敦、巴黎、土耳其、紐約、洛杉磯和佛州迪士尼，但透過爸爸媽媽的解釋與他們自己在學校的觀察，他們也了解如我們這般受薪的中產階級家庭，在繳了房貸、車貸、學費和飲食費等支出以後。若還能每隔一兩年存下一筆旅費供一家四口往日本旅行，那已是非常幸運的了。

孩子上小學後難免面臨所謂「物質的比較」，從鉛筆盒裡原子筆的支數和品牌、腳上球鞋是哪個NBA球星代言的第幾代、能不能買偶像團體的秒殺演唱會門票、每個人的零用錢是多是少、看電影買不買套裝爆米花、趕時間是要坐公車還是計程車，乃至家庭旅行的版圖規畫是歐洲、亞洲、美洲還是哪裡都沒去，物質的討論或比較是如此無所不在，如何讓孩子安心於自身家庭的物質條件並盡量保持純粹、滿足的快樂（說不比較是騙人的……），對就讀都會地區公立國小的孩子來說，也不是件容易的事。

◆

我決定讓兩個孩子經常性地參與我的消費生活，讓他們得以旁觀者的身分，冷靜理性地觀看我花錢方式的節奏與取捨。例如前幾天我們全家到宜蘭享受羅東運動公園落羽松樹下輕鬆的跑步，細如絨毛的秋雨灑落在樹上一顆顆仍非常綠澀的小毬果上，孩子們邊跑步邊撿拾小毬果，感受季節更迭下羅東的景致。跑完三公里以後，我們到當地百貨公司去逛運動用品專賣店，我們預測或許可在這裡找到比臺北更便宜的跑步用防風衣褲。但我試穿過好幾個品牌的褲子和夾克以後，仍覺得折扣不夠吸引人，且目前家裡的路跑配備也還足夠支撐我再穿一兩季，所以我們有時間的餘裕去等待季後更低的折扣。於是我帶著孩子們離開了什麼也沒買的運動用品部，腳步轉往旁邊的書店，宜蘭可是有許多特色書店擄獲我們全家人的心呢。

沒想到甫進書店二十分鐘內，剛跑步完、飢腸轆轆的我們即各自迅速找到心愛的書而毫不猶豫地直奔櫃檯結帳，外子買的是他最愛的華文作家吳明益所寫《家離水邊那麼近》，補足這一本他就擁有全套吳明益的著作了。老大買的是KANO原著劇本改編小說，以這本書來延續他從電影院走出來的觀影感動。老二則是一見三浦紫苑的小說《啓航吧！編舟計畫》就立刻抱在懷裡笑咪咪，喜愛日本系小說的他，繼讀過《哪啊哪啊~神去村》以後，即認眞追蹤起這位年輕小說家的作品。而我毫不思索立即決定買下的書，是日本當代名建築師中村好文和北海道一位鄉下麵包師傅合力所寫的《打造夢想麵包屋》，此書特別之處在於它以大量書信往返方式，來呈現用有限預算蓋一間美好麵包屋的故事，整體的編排樸質而溫暖，信件內容的平實下，蘊藏了日本職人對夢想、品質、生活的堅持，書中的每一張照片都盈滿北海道鄉下的青寂與靜美，卻又無比的溫厚。我直覺這必定是本全家人都會喜愛的書，一書四讀，超划算。

結帳買書時一旁等待的國中生忍不住笑了，他說，剛剛在運動用品店你試穿老半天最後還嫌價錢不夠殺，什麼都沒買就走了，可是一跑來書店卻轉身一變殺無赦，我們想買的什麼書統統都可以，超豪氣的，媽媽買衣服很小氣，買書卻很大方。

我莞爾一笑對孩子說，沒辦法，這就是我的消費習慣嘛，並不是說買書比較風雅，買衣服就不對，而是衣服我已經不缺夠穿了，多一件兩件對我來說沒什麼差，反正都只是衣服。但每一本書都是新的創作，媽媽就是對於書這東西沒有抵抗力啊。我們家是一個消費多所節制，對書本卻有高度熱情的家庭。

◆

讀完建築家中村好文的這本《打造夢想麵包屋》，我內心不斷迴娑於北海道的雪地與麵包香，這棟相當具有神性的柴窯火烤麵包小屋，位於眞狩村羊蹄山的山腳下，此寧靜農村距離臺灣人嚮往的滑雪勝地二世谷很近，雖然短期內我們還沒打算提出預算到北海道去滑雪來滿足孩子們的高難度運動夢想，但是，如果能夠吃到這位對建築與麵包都充滿虔敬態度的師傳所做的柴窯天然麵包，應該是件幸福的事吧。

剛好寒假我們有造訪東京老友的短程旅行計畫，於是先生拿出一萬元日幣問兩個孩子，要不要親筆寫一封英文信寄到北海道給這位麵包屋老闆神幸紀先生，請他以這一萬元日幣含運費，幫我們挑選他認為最具風味或特色的麵包，在一月底我們從東京返回臺北的前一天，將麵包寄到我們所指定的東京住宿點。出於對他專業與品味的信任，我們很樂意接受他所寄來的任何麵包口味與數量，只要是他所做的新鮮柴燒麵包，是奶油栗子捲？核桃無花果麵包？咕咕霍夫麵包？巧克力可頌？棍子麵包？農家麵包？加了橄欖油的拖鞋麵包？撒滿黑醋栗的麵包？都好都可以，我們都期待。

孩子對於爸爸這別出心裁的提議感到驚喜有趣。透過閱讀一本書，我們知道一位遙遠異鄉麵包師傅對工作場域和家庭生活的執著，我們好似已翻越過柴火，在那十字型樑柱下看到麵包師傅窯烤麵包時的專注與沉默。我們決定將日幣包裝在信封裡，讓孩子以他們能力所及的英文寫封誠懇的信箋，漂洋越海寄過去，等待兩個月後家庭旅行時透過宅急便，與來自北海道山下所做的麵包相遇。

再沒有比這更美的事了。

家庭是我的精神性地方，在這小小的立體建築裡，是一個盡其所能、有書有夢、有音樂有植栽、物質不多但精神性豐盈的小屋。孩子將在這裡度過童年，走向他自己的人生。

朝食。給孩子明亮溫暖的甦醒

前幾年我到日本旅行時，曾有六天客居朋友位於靜謐郊區的家，那時他孩子正值九歲，每天清晨六點，我的朋友即準時起床爲孩子準備傳統日式早餐，一碗白飯、一碗味噌湯、一片烤鮭魚、三片海苔、一顆醃漬梅子。那孩子因母親長年的堅持，遂養成良好的早餐紀律，大約十五到二十分鐘即可以端正的坐姿和從容的節奏，在古典音樂的環繞聲中，吃完一頓簡單但分量足夠的早餐，元氣十足走向街頭上學去。

那次寄宿異鄉，這偶然的貼身家庭觀察讓我大爲震撼。雖然我從孩子念幼兒園起，就堅持每天親自爲他們做早餐或點心，但我了解我的行爲算是目前社會的「非主流型態母親」。據統計，國內超過一半以上小學生平日早餐以超商或速食連鎖店的麵包、三明治、奶茶、高糖飲料爲主，許多家庭已不再親手爲孩子做早餐，原因不外乎是大人趕上班來不及，或孩子有下床氣、動作慢、根本無暇在家裡吃。也有媽媽說因爲街坊買早餐很方便，孩子也喜歡，而且也不知道如何規畫一個符合營養需求和用餐速度的早餐。種種原因使太多孩子的早餐和午餐交由外包，許多爸爸媽媽已不再堅持從家裡的廚房端出自己做的熱騰騰食物上餐桌了。

這是多麼弔詭的現象，不過才幾年前而已，孩子幼兒時我們是如此在乎而緊張兮兮的就著生長曲線圖，在診間詢問醫生爲什麼寶寶的曲線百分比只有二、三十這麼低，我們和其他新手媽媽熱切討論你家寶寶現在一餐喝奶喝幾cc，我們爲了寶寶的喝奶量低於他人而感到焦慮，我們仔細研究功能最好的食物調理機，又照著熱門食譜熬大骨高湯做成冰磚冷凍，只爲據說高鈣又促進食慾。我們充滿慈愛地唱，孩子你要一暝大一寸，希望你長得像大樹一樣又高又壯。那時我們對於孩子的飲食，多麼執著新鮮手做的餵養初衷。

等到孩子七歲上小學以後，餵養初衷的熱情不知怎麼卻悄悄磨滅了，盛情不再。我們似乎忘記一暝大一寸的溫柔呼喚，我們讓孩子因爲補習寫功課、滑手機打電動而太晚上床、長期睡眠不足。我們雖然還抱著願孩子長得像樹一般高壯的慈母心，卻明知校園營養午餐問題層出不窮、國內黑心食安醜聞風波不斷，依然選擇放棄讓孩子在家裡吃媽媽手做早餐的責任，我們經常讓孩子一大早就食用有膨鬆劑、防腐劑、黏糊劑、人工香料、反式脂肪等可疑食物，我們以爲長期藉由這樣的熱量和營養，就可以支撐孩子從早上七點到中午十二點的身心發育，以爲這樣他們就有足夠的澱粉和蛋白質去從事國英數社體自等科目的學習。

我們常說我們是多麼地愛我們的孩子。但愛不只是說而已，愛，也必須是知識與行動的結合。爸爸媽媽可知一個八歲的小學生，一天需要攝取多少熱量才足夠供應他竄高、長肉和大腦發育呢？這是孩子生命維繫的最基本問題，比起他們功課寫完沒、考試考幾分重要太多，但許多爸爸媽媽卻不知道孩子一天要攝取多少大卡的熱量才夠應付成長的需要。

希望馬兒跑得快跑得遠，飼主就應當餵養馬兒充足良好的牧草，既然我們希望孩子上課專注、學習有效率、情緒管理能力佳、校園生活快樂，就應當付出行動讓孩子每天食用營養、安心的食物，讓孩子有能量去發育健全聰明的腦袋，這樣他才衝得上去啊。

下列我準備一些基本而重要的數據，提供給父母參考：

六歲到十二歲兒童期，乃是幼兒期到青春期的銜接橋，也是生理器官和心智學習發展的關鍵期，依行政院衛生福利部國民健康署的網站資料，含糖飲料高熱量、低營養，容易刺激孩子的胰島素快速分泌，造成血糖和情緒不穩，長期下來會像酒癮一樣難戒除，並可能妨礙孩子的智力發展，因此讓孩子早餐購買奶茶或濃縮果汁果腹是非常不理想的早餐。一般來說，小學生的每日總熱量攝取建議爲一八〇〇至二二〇〇大卡（可依孩子的不同活動量做調整），而碳水化合物、蛋白質、脂肪等三大營養素中，碳水化合物須占總熱量的百分之五十至百分之五十五，蛋白質占百分之十四至百分之十八，脂肪則須占熱量的百分之二十八至百分之三十，若熱量長期攝取不足或營養比例不對，孩子的智力和身體發育就會受影響。

許多阿公阿嬤或父母有個錯誤飲食觀念，他們經常在餐桌上對孩子說，飯吃不完沒關係，可是菜和肉要吃完，菜和肉比較有營養。

我卻總是對孩子說，如果眞的吃不下，菜和肉可以暫時先擱著，但米飯澱粉類一定要盡量吃完。因爲碳水化合物提供的是「即時的能量」，當孩子從膳食中攝取到足夠的碳水化合物，那些優良的蛋白質才能留在他體內作爲生長發育和修補身體組織用。

反之，若孩子偏向吃較多的肉奶豆等蛋白質類食物，而減少碳水化合物的攝取，那麼蛋白質只好被分解出來釋放能量以供應身體的需要，就不能拿來當作發育和修補，本來主力在長高長腦的蛋白質，就因爲澱粉類不足而被拿來燃燒掉了。而碳水化合物的吸收至少須占整體能量的百分之五十五，也就是說孩子每天需要吃三到四碗飯或其他碳水化合物食物才能達到標準，只有當碳水化合物足夠，蛋白質才能發揮眞正的功能。

脂肪的任務則是負責運送脂溶性維他命（維他命A、D、E及K），防止孩子在寒冷的環境下損失熱量，也保護孩子體內的器官免受震盪。脂肪的多元不飽和脂肪酸是構成細胞膜的成分之一，必須脂肪酸對腦部神經和細胞的健康很重要，能夠幫助學習能力與腦部發展。但脂肪攝取量不宜超過人體每天所需熱量的百分之三十，否則容易導致孩子的肥胖。

而聰不聰明、怎樣讓孩子更聰明、關於腦部發育的眞相，科學研究已顯示，葡萄糖是腦部的主要熱量來源。但大腦沒有儲存葡萄糖的能力，因此，大腦需要我們隨時供應熱量和氧氣，否則大腦就當機了。早餐對大腦來說最爲重要，因爲經過一整夜的運作，大腦的血糖濃度已偏低，此時若早餐再不補充足夠的醣類，孩子的大腦就會昏沉想睡、容易激動、不易學習新知。根據臺北醫學大學保健營養學系所的研究報告指出，吃過早餐的孩子，上課精神好、反應快、注意力集中、學習效果好，對考試成績較有幫助。

除了上述這些科學理性數據，從情感面來說，讓孩子在家裡從容吃完早餐再出門，不論是邊聽音樂邊吃，或是邊吃邊和父母聊天講講話，無形的情感交流日復一日，孩子就感到幸福快樂，孩子能透過每日的早餐儀式，感受到父母的愛與支持是多麼的堅定，當他在學校遭遇失意挫折時，或許就不會太容易頹然喊退，他知道背後有股強大的媽媽愛在支撐他。

孩子自小一到高三的十二年早餐時光，是老天爺允諾給我們的親子清晨共度，早上要過得從容或匆忙？取決於父母的安排與堅持。我親自為孩子做早餐至今已邁入第十一年，夜闌人靜時默默回想這件事，沒有辛苦只有甜，看到他們每天吃飽飯再出門上學，想到他們不會因體力與腦力的匱缺而妨礙學習，他們會有充沛體力在操場跑得遠跳得高，我感到安心。

教養（nurture）這個字，和營養（nourish）、哺乳（nurse）來自同一個拉丁文字根，中文談「養育」時顯然也不離食物之餵養。自古以來，父母為提供食物給孩子而勞動是天職，母鳥都知道飛出門去銜蟲回巢來哺餵雛鳥，非不得已，我不輕易用坊間速成早餐來餵養孩子。在每個天未亮而微亮的清晨五點鐘，我悄悄披衣起床，打開陽臺窗戶迎進冷冽的新鮮空氣，然後走入廚房洗手拿鍋鏟，像母親當年養育我那樣，打開冰箱門取出蔬菜與肉，我準時打開爐火，為兩個即將出門到學校幹活兒的孩子們，做早餐。

附記：

一般來說，活動量中等的孩子，早餐建議至少攝取四百大卡，只要掌握碳水化合物、蛋白質和脂肪的比例原則，二、三十分鐘做好小學生的美味早餐，並不是太困難。以下是我十多年經驗的快速早餐提案：

一、可考慮購買一部麵包機與豆漿機。和需要煮菜搭配的白飯比起來，喝豆漿、吃麵包確實較節省烹煮時間，現在的豆漿機和麵包機都非常容易操作，睡前按下定時預約鍵，早上起床機器已服務完畢。

自己做麵包和豆漿，我們因此擁有食材的自主權，爸爸媽媽可決定孩子吃到的是非基改、無農藥、儲存過程不孳生黃麴毒素的黃豆，也可以決定孩子吃到的麵粉、奶油、糖、牛奶、起士、堅果、蜂蜜、酥油等來源和品質。這些都是外食豆漿和麵包最讓人擔憂的因素。尤其是豆漿，想挑選非基改、不含人工香料消泡劑、濃度又夠（蛋白質才會夠）、保存設備完全可信的豆漿成品，市面上可不好找。

如果爸爸媽媽自己做豆漿、麵包，再切上一份水果，清晨起床時家裡瀰漫烘焙的香氣，那是全家人最清新的甦醒。

二、簡單飽足的米飯餐。一碗白飯淋上一點豬油和醬油，再鋪上一顆荷包蛋或豬排，點綴一些小黃瓜絲或清燙綠花椰，古早味又香噴噴。孩子中年級時也可試著讓他自己煎荷包蛋，別小看煎蛋，煎出美味的荷包蛋可沒那麼簡單，自己煎蛋讓孩子有成就感，他會很開心地快快吃完。

爸爸媽媽親手做米飯餐，可清楚掌握食材來源又可避免雞蛋殘留抗生素等問題，且避開黑心噁油的疑慮性，費用也較外食省很多。

三、趕時間的話，在家裡喝下一碗簡單的湯品，再捏一顆飯糰帶出門也可以。南瓜濃湯、玉米濃湯、馬鈴薯豆腐味增湯，都提供很好的碳水化合物與蛋白質。再用海苔片捲起碎鮭魚肉、蛋絲和米飯揉成糰，帶著出門吃，匆忙中也不減營養。濃湯可一次煮好兩、三天的份量，冷凍保存。

四、有時可變化採買有機店的雜糧饅頭，夾上一份火腿蛋、蔥花蛋，搭配一杯低脂牛乳、香蕉牛乳或發芽豆漿，縱使簡單清爽，孩子也感受到家庭的情意與打氣。

爭取親子的相聚時間

究竟被父母接送上下學的孩子是不是溫室的花朵，這爭議由來已久，最近又有一則關於小學生自己上下學的調查數字引起輿論的關注。據臺北市教育局統計，臺北市小學生由父母接送上課或回家的比率高達近五成，而臺北市長柯文哲對這數據的回應是，若孩子從小不能養成自己上下學的習慣，將使國民失去獨立奮發的精神，這是弱國的表現。

很難想像小學生一條上課和回家的路，會牽扯出國力強弱的說法。

父母該不該親自接送孩子上下學呢？看起來這是件家庭日常小事，但確實也一直在我心裡糾結。小時候因父母忙於工作，自小一入學的第一天到小六畢業典禮的最後一天，我的母親從來不曾送我到校門口過，那時每看到同學媽媽站在校門口等候孩子的身影是那麼地溫柔，內心羨慕不已。然凡事有好有壞，小學六年我也在獨自走路上下學的二十分鐘路途裡，用吃剩的西瓜皮追誘過金龜子，我經常和朋友摘取路邊的朱槿花吸吻它們的蜜汁，偶爾躲在漫畫店裡看漫畫，有點零用錢時就跑到小雜貨店買鹹麵包或涼菸糖，也碰過想搭訕的怪叔叔，常常蹲在路邊研究水溝的流速，總是好奇水溝蓋底下可有什麼神祕生物，更記得冬天寒流來的時候，因爲穿得不夠暖而一路哆嗦。

有一次更慘，放學一起回家的某位女同學在路邊癲癇發作，小學五年級的我強壓抑住內心的驚嚇，想起老師教過的處理方式是找出任何可用的東西防止他咬破舌頭，然後我飛速跑啊跑地衝回學校找護士阿姨援助。這一條沒有父母接送的放學路，雖然少了親情的暖亮，卻也是我的自由成長時光，各種突發狀況鍛鍊出我的獨立性格。這就是人生，有的人放學後和爸媽一起踏上歸途，但也有人欣羨我能夠自由無拘地一路玩耍到家。家庭教育本來就沒有一套放諸四海而皆準的SOP，我不認爲孩子是否應該自己上下學的爭議有絕對正確的答案。

這幾年我在東京旅行，觀察到東京市區小學生幾乎都自己走路上下學，即使是寒冷低溫的冬日亦然。我的老友旅居東京十年，儘管他母愛強烈、呵護孩子至極，但他的獨生孩子也是一大早在家用過早餐以後，就自個兒背起書包和文具袋，走二十分鐘的路去上學。我問友人，為什麼不親自帶孩子去學校呢？治安或交通安全問題你放心嗎？老友淡定回答，整個日本國家的中小學生，不論當日氣象好壞，哪怕遇大落雪，也不改定點集合、所有中低高年級學生一起排路隊上下學的傳統方式，他不能有親自接送孩子上下學的念頭，因為在日本社會這麼做是很丟臉的，會遭到其他父母親異樣的眼光。

我認為導致此現象的臺日差異和民情有關，大多數的日本女性婚後即走入家庭成為全職主婦，他們擁有充裕的時間親自撫育孩子，但根據行政院主計總處的統計，臺灣育有六歲到未滿十五歲孩子的有配偶婦女，其就業率高達百分之七十，若以臺北都會地區來看，職缺和家庭財務壓力較城鄉地區為高，我估測臺北市婦女就業的比率較其他鄉市更高，想想看，臺北市有七成以上小學生，他們的媽媽每天要上班，我也曾當過養育兩個孩子的職業婦女長達十年，每天下班回到家筋疲力盡、兵敗如山倒，還得強打起精神吃快速晚餐、簽聯絡簿、做家事、哄孩子上床睡覺、準備隔日早餐。

週一到週五能和孩子好好談話的時間實在很有限，因此，我非常珍惜每天早上牽孩子小手一起走十分鐘的上學路，我們邊走邊聊天空的雲彩像什麼、光線在樹梢間的流影，或是駐足三分鐘觀察鳥兒啾啾飛過、浪貓的遊走、把被汽車輾過的昆蟲屍體挪移到草叢裡讓它安息、指指點點果樹的四季開花結果，這短短的十幾分鐘，讓我們累積豐富的生活記憶，看不盡的日常風景，永遠發掘不完的隨機趣味話題。對於忙碌的雙薪家庭而言，這小小相聚難能可貴，每天親自站在校門口目送孩子的背影轉進長廊，也多多少少減去我因職場忙碌而不能陪伴孩子太多的愧疚與遺憾。

如今孩子已升上國中，我也從職場退下成爲一個自由工作者，但我依然維持清晨十分鐘的親子散步習慣。每天早上六點半陪伴孩子走到公車站，望著他跳上巴士向車窗外的我揮揮手，見公車遠去我才轉身走回家展開一天的行程，孩子大了，一起走路多麼幸福。此刻節氣接近立秋，最近的上學前散步，我家國中生即觀察到路邊野柚子樹的果實由小變大，由綠變黃，還有那兩隻公園的老居民黑冠麻鷺，每天定時定點覓蟲的滑稽模樣。

多年來我不曾擔心這段上學路的相陪，會阻礙孩子性格的獨立發展。我相信幸福家庭有各自不同的生活容器，每個媽媽會找到最適合全家人的生活節奏與型態。我從別的細節處去培養孩子的獨立精神，例如指導孩子煮飯、教會他們買菜、長假時安排他們學會更多的烹飪技巧，教會他們認識臺北市區四大交通幹道，讓他們獨立赴音樂廳聽音樂會或買票看電影，由他們每天搞定自己隔日的上學服裝和所需文具，小學中年級以後即不曾檢查他們的作業，放手讓他們為自己的學業負責……當孩子們能夠獨立承擔這些日常事務，我何須擔心陪他走這一段上學路，會使他成為弱國的子民呢？

現代父母的生活何其忙碌，白天出門奮鬥掙錢，晚上回到家，還得和孩子共同面對社群網路誘惑所瓜分掉的親子相聚時間，我們和孩子溫馨促膝長談的光陰也許僅剩小學這六年，我們對孩子的愛不能只放在心裡，再怎麼忙也要放下工作和手機，每天不忘爭取各種零碎時間和孩子好好說說話，才能讓孩子感到安心與被愛。白天也好、晚上也罷，在孩子還渴望父母相伴的年紀時，我會記得手機和網路永遠比不上孩子的凝視可貴，每天一起散步十分鐘，一年就累積六十個小時的相聚呢，日復一日，這短短十分鐘帶給孩子的歸屬感與親情力量，將長遠滋養他身心的發展。

歡樂的回憶必須被創造

昨天一早國中生喜孜孜出門到學校去參加結業式典禮，九點鐘一到老師宣布放學，那期待已久的寒假號角終於響起。幾個交情較深的孩子們湊在一起討論去哪裡玩，最後一致決定到附近同學家去聊天、看電視、耍廢放輕鬆就好。近中午時，孩子和同學們揮手再見，獨自搭公車到餐廳與我會合，然後依原定計畫我們一道去華山園區鍋爐室排了超長的隊伍，只為看日本漫畫家伊藤潤二的「恐怖美學體驗展」。我們兩人仔細端詳展場的漫畫、影片、雕塑等藝術裝置，自拍不少鬼臉照片留念。步出展場後，我們又興起去信義區逛書店、買吳寶春麵包的想法，最後在飄雨夜色中，結束寒假首發的親子戶外小晃蕩。

回到家我馬上進廚房準備晚餐，國中生則在等飯的零碎時間隨手抓起《色彩與光線》這本書翻讀。這孩子喜歡塗鴉，但我從未送他去外面習畫，倒是陸陸續續買了一些藝術史和談論光線與其他物質互動的書置放於書架上，讓孩子可隨著不同階段的心智發展或心情，在沒有壓力的情況下，有時當作工具書，有時只爲了殺時間，想讀就讀，讀多少是多少，一切隨興。

《色彩與光線》這本書裡有些話很引起孩子的注意：「雪比雲或泡沫的密度更高，所以就更白……綠色是大自然中最常見的顏色之一，卻一直是畫家和設計師經常得面對的挑戰……現今可得的顏料相對來說既便宜又耐光，這些都是古代繪畫大師夢寐以求的，我們還可以在網路上獲得無數的參考影像，讓我們相互學習，走出戶外……」

孩子走到廚房告訴我，這本書讓他後來在觀察物體時，開始注意到底光、側光、反光、逆光、正面光等各種光線對物體所產生的影響與變化，也讓他想到梵谷生前曾爲沒有錢買顏料而愁苦，得靠弟弟西奧接濟的故事。反而像他這種一出生即面臨各種畫紙和質地顏料都無虞的世代，不一定是好事，因爲不懂得珍惜充足的資源。我邊煮飯邊聽他發表小小藝術論，覺得有趣，從小我的繪畫技巧就很差，但這孩子的生活美感倒挺不錯的。

今天下午在恐怖美學體驗展場，我注意到湧進來的百來個看展青少年，只有我們家是由媽媽陪著一起看展，其他人全數都是青春的結伴。我略為不安問孩子這情景會否讓他感到尷尬，幸好他表情輕鬆回答說，怎麼會尷尬呢？你也來看這個好玩的展很好啊，再過幾年等我長大一點，也許我就不一定每次都揪你了，所以我們現在就好好珍惜一起出來玩的時間。

此刻孩子已九年級，再過三個月他就要面臨嚴峻的升學會考，哪個十四歲孩子的日常生活沒有叛逆暴走的時刻，頂嘴、臭臉都是這年紀孩子與父母期望出現衝突時，理當出現的反應，根據生物科學研究，此時他們大腦的基本迴路改變，內在燃起一股強大的嘗新動力，他們經常質疑現狀，並認爲自己擁有強大能力打破框架，所以以前那個很「乖」的孩子，已經不再很「乖」了。「乖」不再是他們想要或應得的讚美，「破壞」對他們來說，更具有成長的意義。雖然是我的孩子，但當孩子成爲青少年時，我感受到他是個新的孩子了，我得學習去調整過去舊有十年的養育方式，我得跟上孩子的腳步，才有機會保持和他的連線是暢通的。我不要求孩子跨到我這邊，而是我要跨到他們前往的方向。

我也理解孩子升上國中以後的日子並不好過。身體上他們面臨生理發育的巨大轉變，又經常承擔同儕交心或擠壓的煩惱，對愛情有著模糊的迷惘和嚮往，學校幾十年不變的威權集中式管理，還有父母各種程度以愛爲名的指令與要求，日復一日密密麻麻的大小考試和殘酷排名……才小學一畢業，他們的人生風景就起了劇烈的變化。所以當我看到青春期孩子臭臉時，我提醒自己要拿出同理心，蹲到他的角度和他一起面對生活的難題，否則，以前小學時再怎麼親密、體己的孩子，都會悄悄地把心門關上，不再與我坦誠對話。

所以到目前爲止，我們的感情還不錯，這孩子還很樂意有空時約我到處跑來跑去看展覽、看電影、吃東西、買書挑文具，偶爾同學逗他是不是媽寶，他就笑著回答對啦對啦我是媽寶啦，別忘了你還要靠你媽叫你起床才有辦法上課不遲到，你也是媽寶啊。談笑間他把同學的消遣給反推回去。

孩子終究會長大，並且，在他羽翼豐滿後以加速度的方式離我們而去，一如我們當年帶著原生家庭飽滿充沛的愛，展翅高飛，我們全心全意投入自己的職涯，若干年後又與伴侶攜手建立自己的家庭，從此我們完全爲自己的人生負責。當孩子成爲青少年，事實上他已開始爲他的人生獨立做準備。我告訴外子，能夠和孩子在一起緊密生活的時間並不長，頂多短短十六年。

如今我的大女兒即將邁向十七歲，最近我打開這本十六年的家庭相簿慢慢回溯。相簿不會說謊，每一張都是生活點滴的軌跡，這十六年來我們擁有過什麼呢？

嗯，從他用力吸母乳吸不到而流淚不止的襁褓照片，到搖擺學步在公園溜滑梯追蝴蝶，一家四口簡單溫馨的小蛋糕燭光慶生會，睡前聽繪本聽到睡著流口水，夏天到山上露營奔跑玩沙的留影，在秀姑巒溪畔騎了好幾個小時的腳踏車，全臺灣各城市的書店和海邊足跡，環島旅行的各地小吃大發現，各地農夫市集的探訪，暑假蹲在雲林潮間帶的泥地挖野生赤嘴蛤，全臺灣各地博物館的流連忘返，還有好多好多在廚房學煮飯的影像紀錄，喔，還有數不清的舞臺演奏鋼琴回憶。

大人如果決心要讓孩子擁有快樂的童年，家庭相簿自然就能夠豐富呈現。童年的足跡，遠征到迪士尼、環球影城或歐美國家固然精采歡樂，但也可以讓孩子的幸福像呼吸一樣隨手就可得。不工作時，我牽著孩子的手一起去超市買米買菜再順便選盒他喜歡的冰棒，晚餐後我們一起散步二十分鐘仰看暈黃的月球，深怕手指了月娘就會被割耳朵，我們一起嗅聞夜來香在夜晚散發了什麼樣濃郁的氣味，有時他們功課寫完還不太晚，我們就一起洗澡一起唱歌……

歡樂的回憶必須被創造，最後才能被留存。

好書推薦：

這是兩本適合國小中年級以上的孩子，一路閱讀到長大成人的美術書籍：

《色彩與光線：每位創作人、設計人、藝術人都該有的手繪聖經》

文／詹姆士．葛爾尼

如何出版（2015）

▶這是由美國新寫實主義畫家James Gurney所寫，這本書主要是探討對繪者來說最基本的兩樣工具：色彩與光線，Gurney被稱為奇幻畫界的托爾金，一九八三年開始為國家地理雜誌繪製恐龍插圖，一九九二年出版恐龍烏托邦系列，他的作品皆以手繪的方式展現，我認為這本書對喜愛畫畫的孩子來說，很有啓發性。

例如Gurney的這段話：「一棵大橡木可以有二十萬片樹葉之多，樹上的葉子有不同程度的透明性，春天長出來的樹葉只能遮蔽部分天空，這種葉子有一種極薄的質地，必須要畫得很細緻。」他讓我們知道，畫家觀看葉子是何等地細膩。

《誰抄誰？西洋名畫的對照、剖析與探源》

文／卡洛琳．拉霍許
野人出版社（2014）

▶由法國藝術史學者Caroline Larroche所寫，這本書的主軸是聯繫不同時代和不同世紀畫作之間的傳承，可幫助孩子思考什麼是模仿，什麼是原創。書中收錄許多西洋名作，我的孩子喜歡書中拉斐爾所畫的「椅中聖母」，這位羅馬時期優雅風格的畫家，他的圓形構圖所呈現出仕女圓臉和圓圓紅紅的雙頰，都讓孩子覺得超有特色，剛好最近他的歷史課本正在上西洋史，閒書和教科書交錯閱讀，也是一種樂趣了。

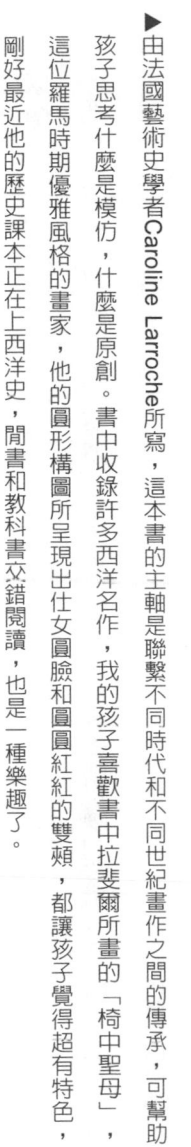

後記

家。

今晚用朋友從京都帶回來的鹽漬八重櫻炊飯，粉蕊春櫻被粗礪的鹽護存爲爐火上的烹煮風景，我的心也跟著溫柔。我又取出半斤皇帝豆和小排骨燉一小鍋湯，湯的顏色濃而不稠，豆子綿而不爛，是一碗讓孩子喝了即感身心舒暢的湯，一如我想追求的家庭生活，簡單、古典、沉厚。

這本書是以我曾經歷過的小學生母親身分爲書寫主軸的生活手札。我不想在這裡談論熱門或所謂實用的親子議題，畢竟僅育有兩個孩子的我，面對成長變化中的他們，也始終在摸索前行的階段，面對養育，我越來越謙卑。

孩子是一本不斷在思想上演變的書，是一隻時而惹人垂淚又時而惹人驚奇讚嘆的寄生蟲，是一棵泥地裡迎風芽長、香氣難料的芫荽……生活的任何細微變化，都使他們成爲我永遠不能預測的生物。我愛他們，我養他們，我陪伴他們，我幫助他們……然隨著他日益獨立，我知道孩子離手單飛的日子已越來越近，他已做好長大的準備，所有那些我們在形體與時間上溫暖相擁的片片刻刻，最後都只成爲我人生的收藏。

而孩子至少會記得我們一起擁有過很多書、很多電影、很多食物、很多走路、很多蟲子、很多很多百無聊賴、無所事事的時光。如果他的童年可以回返，我但願除了這些，我們還可以開啓更多的凝視與對話。當所有的回憶被時間風乾下酒，我只願，七歲到十二歲的那些年，孩子是快樂的。

自他們出生的那一刻，我就期許自己成爲一個讓孩子快樂、自然的媽媽。這初心始終都在。市面上已有許多書指引大人如何把孩子養育資優秀異、早慧早熟，而我想談的卻是精神豐盈的家庭生活。

「家」的甲骨文，是圈養生豬的穩定居所，意味著一處能提供食物安全感的所在，就是家。我著迷於這類古典的回溯與解釋，這本書若能幫助讀者去尋索和孩子的溫暖對話關係，那麼縱使家有風浪，終能一起撐槳划過。請珍惜孩子的小學時光，因爲那兩千多個日子，從來不曾爲任何人停留，倏忽成爲過去。

圓神出版事業機構 Eurasian Publishing Group 用心與你對話・視野無限寬廣
圓神出版社 Eurasian Press

www.booklife.com.tw　reader@mail.eurasian.com.tw

圓神文叢 191

教室外的視野：小學六年的母親札記

作　　者／番紅花
發 行 人／簡志忠
出 版 者／圓神出版社有限公司
地　　址／台北市南京東路四段50號6樓之1
電　　話／（02）2579-6600・2579-8800・2570-3939
傳　　真／（02）2579-0338・2577-3220・2570-3636
總 編 輯／陳秋月
主　　編／吳靜怡
責任編輯／吳靜怡
校　　對／吳靜怡・韓宛庭
美術編輯／王琪
封面設計／兒日
行銷企畫／吳幸芳・陳姵蒨
印務統籌／劉鳳剛・高榮祥
監　　印／高榮祥
排　　版／陳采淇
經 銷 商／叩應股份有限公司
郵撥帳號／18707239
法律顧問／圓神出版事業機構法律顧問　蕭雄淋律師
印　　刷／祥峰印刷廠
2016年4月　初版
2016年11月　3刷

定價300元　ISBN 978-986-133-567-4

孩子是一本不斷在思想上演變的書，是一隻時而惹人垂淚又時而惹人驚奇讚嘆的寄生蟲，是一棵泥地裡迎風芽長、香氣難料的芫荽……生活裡的任何細微變化，都使他們成爲我永遠不能預測的生物。

——《教室外的視野：小學六年的母親札記》

國家圖書館出版品預行編目資料

教室外的視野：小學六年的母親札記／番紅花 著.
-- 初版. -- 臺北市：圓神，2016.04
208 面；14.8×20.8公分. --（圓神文叢；191）
ISBN 978-986-133-567-4（平裝）
1.親職教育 2.親子溝通

528.2 104028410